Información y venta de nuestros libros

VALDEMAR.COM

SERIE VIOLETA

Filosofía • *Ensayo* • *Aforismos*

AFORISMOS, VISIONES Y SUEÑOS

El Club Diógenes

FRANZ KAFKA

AFORISMOS, VISIONES Y SUEÑOS

Traducción
JOSÉ RAFAEL HERNÁNDEZ ARIAS

VALDEMAR
2024

DIRECCIÓN LITERARIA:

Rafael Díaz Santander
Juan Luis González Caballero

ILUSTRACIÓN DE CUBIERTA:

Retrato de Franz Kafka (1923)

1ª EDICIÓN: NOVIEMBRE DE 1998
3ª IMPRESIÓN: MAYO DE 2004
2ª EDICIÓN: MAYO DE 2024

IMPRESIÓN: COFÁS

ENCUADERNACIÓN: HUERTAS

ISBN: 978-84-7702-954-0

DEPÓSITO LEGAL: M-5.639-2024

ÍNDICE

AFORISMOS, VISIONES Y SUEÑOS

Prólogo

La selección de la obra de Franz Kafka que ponemos en manos del lector aspira, en cierta medida, a satisfacer el extraordinario interés que concita tanto su vida como su obra, interés que, desde su temprano fallecimiento, no ha hecho sino aumentar con el paso del tiempo. Kafka se ha convertido en el autor del mundo moderno por antonomasia. Su obra refleja los temores, inseguridades, la alienación psicológica del ser humano en la sociedad industrializada y secularizada; incluso el carácter fragmentario e inédito de muchos de sus escritos –su imperfección simbólica– refuerzan la enigmática identidad que se crea entre el lector y el autor. Kafka no alcanzó el éxito literario en vida, su dedicación a la literatura tenía algo de compulsivo, siniestro, como si al escribir fundiera el camino de la salvación y el de la condenación. Cada palabra de su obra, llevada a cabo como un deber moral ineludible, manifiesta la aspiración a superar un profundo desgarramiento anímico. No es de extrañar que poco antes de su muerte pidiera que quemasen sus manuscritos, tan terrible le parecía el testimonio que dejaba a la humanidad. Sin embargo, el éxito literario póstumo del que ha gozado demuestra la profunda convicción del hombre moderno de que su obra ha captado elementos esenciales de la existencia, de que ha sabido plasmar, con una fuerza inaudita, la quintaesencia de la problemática que determina el ser del hombre entre la vida y la muerte. Tampoco podemos olvidar que su prosa, de un estilo personal inconfundible y de una creatividad asombrosa, representa una de las cumbres de la lengua alemana.

La obra de Kafka es objeto de una investigación minuciosa. Su carácter incompleto y fragmentario, como ya hemos comentado, ha dificultado la edición de sus textos póstumos, que presentan, lógicamente, cierta estructura laberíntica, la textura de un mosaico. Para facilitar al lector un acercamiento al universo de Kafka, acometemos con la presente selección la empresa de sistematizar algunos de los motivos principales que fecundaron la obra del escritor praguense. No pretendemos realizar con ello una recopilación exhaustiva, sino otorgar la oportunidad de que el lector pueda acceder directamente a los elementos esenciales que determinan el mundo kafkiano. La selección y traducción de los textos ha obedecido siempre a este criterio, intentando, además, ofrecer aquellos fragmentos que no sólo otorguen un contexto óptimo en relación con el epígrafe que los preside, sino que también muestren el carácter paradójico de muchas de las reflexiones de Kafka. Hemos considerado oportuno iniciar la selección con un conjunto de pensamientos, sistematizados por el propio autor, que poseen la virtud de representar un epítome de las fuentes de las que mana su inspiración. A continuación de estas consideraciones comienza la recopilación propiamente dicha bajo los distintos epígrafes, brevemente comentados, que puede servir de introducción al mundo de Kafka para los neófitos o como profundización para los ya iniciados. Hemos intentado asimismo que las dimensiones y estructura del presente volumen se acomoden a las de un breviario, de este modo creemos facilitar la lectura aleatoria e impresionista, que tanto placer causa en el lector ocasional y que otorga un sentido especial a los «ratos perdidos».

José Rafael Hernández Arias

CONSIDERACIONES SOBRE EL PECADO, EL SUFRIMIENTO, LA ESPERANZA Y EL CAMINO VERDADERO[1]

1. El camino verdadero transcurre sobre una cuerda que no ha sido tendida en las alturas, sino apenas a escasa distancia del suelo. Parece haber sido dispuesta para tropezar antes que para pasar sobre ella.

2. Todos los errores humanos provienen de la impaciencia, de una ruptura precipitada del método, de la aparente aprehensión de una cuestión aparente.

3. Dos pecados capitales, de los cuales se derivan todos los demás, determinan la vida de los seres humanos: la im-

---

[1] Las consideraciones que a continuación presentamos fueron reunidas por Kafka en una fecha indeterminada. Ya en los cuadernos en octavo, escritos entre 1917 y 1918, encontramos distintas versiones de los aforismos, máximas y reflexiones aquí seleccionados. Fue Kafka en persona, pues, el que los numeró y copió en limpio. Para la orientación del lector hay que especificar que fueron escritos en pequeños trozos de papel. Cuando aparecen dos reflexiones con el mismo número quiere decir que el autor los escribió en la misma nota. Otras veces aparecen aforismos con dos números, eso significa que Kafka fundió dos aforismos en uno. Las reflexiones marcadas con el signo * estaban tachadas con lápiz, pero permanecían en el convoluto. El título que encabeza el escrito no procede de Kafka.

paciencia y la indolencia. Fueron expulsados del paraíso a causa de la impaciencia, no regresan debido a la indolencia. Pero quizá sólo hay un pecado capital: la impaciencia. Fueron expulsados a causa de la impaciencia, no regresan debido a la impaciencia.

4. Muchas ánimas de difuntos se ocupan exclusivamente de lamer las orillas del río de los muertos, porque procede de nuestro mundo y mantiene todavía el sabor salado de nuestros mares. Entonces el río se eriza de repugnancia, invierte la corriente y arrastra de nuevo a los muertos hacia la vida. Ellos, sin embargo, están felices, entonan cánticos de gratitud y acarician las indignadas aguas.

5. Si se llega a un punto determinado, ya no hay regreso posible. Hay que alcanzar ese punto.

6. El instante decisivo del desarrollo humano es continuo. Por ello los movimientos revolucionarios que declaran la nulidad de todo lo acaecido con anterioridad tienen razón, pues todavía no ha ocurrido nada.

7. Una de las formas de seducción del Mal más efectivas es la incitación a la lucha.

8. Él es como la lucha con mujeres, que acaba en la cama.

9. A es muy engreído. Cree haber progresado mucho

respecto al Bien, ya que se siente sometido, por lo visto como un objeto constantemente seductor, a cada vez más tentaciones procedentes de direcciones que hasta ese momento desconocía por completo.

10. La explicación correcta es, sin embargo, que un gran demonio le ha poseído y que la infinidad de los pequeños se acerca para servir al grande.

11/12. La diversidad perceptiva de la que puede ser objeto una manzana: la perspectiva del pequeño que tiene que alargar el cuello para ver con esfuerzo la manzana sobre la mesa, la perspectiva del señor de la casa que toma la manzana y la ofrece a los comensales.

13. El primer signo del conocimiento incipiente es el deseo de morir. Esta vida parece insoportable, cualquier otra, inalcanzable. Ya no se siente vergüenza de querer morir; se solicita que nos lleven desde la antigua y odiada celda a una nueva que, a partir de ese momento, aprenderemos a odiar. Un resto de fe contribuirá a ello. Durante el transporte pasará casualmente el Señor por el corredor, verá al prisionero y dirá: «A éste no debéis encerrarle de nuevo, viene conmigo.»

14. * Si fueras por una llanura, tuvieras la sana intención de avanzar y, sin embargo, sólo dieras pasos hacia atrás, sería una situación desesperada. Pero como escalas una pendiente escarpada, tan escarpada como tú mismo visto desde abajo,

los pasos atrás pueden haber sido causados sólo por la disposición del suelo, así que no debes desesperar.

15. Como un camino en otoño: tan pronto como se barre, vuelve a cubrirse de hojas secas.

16. Una jaula fue en busca de un pájaro.

17. Nunca había estado hasta ahora en este lugar: la respiración es diferente, una estrella brilla más cegadora que el sol.

18. Si hubiera sido posible construir la Torre de Babel sin escalarla, habría estado permitido.

19.* No dejes que el Mal te confunda y creas que puedes tener secretos para él.

20. Unos leopardos penetran en el templo y beben de las copas sagradas hasta vaciarlas del todo. Este hecho se repite una y otra vez. Finalmente se hace previsible y se convierte en parte de la ceremonia.

21. Con la misma firmeza con que la mano sostiene la piedra. Pero la mano la sostiene con tanta firmeza para lanzarla más lejos. No obstante, el camino conduce también por esa distancia.

22. Tú eres la obra, ningún discípulo hasta donde la vista alcanza.

23. El verdadero enemigo te transmite un valor sin límites.

24. La fortuna de comprender que el suelo sobre el que permaneces no puede ser más grande que los dos pies que lo cubren.

25. ¿Cómo puede alguien alegrarse por el mundo excepto cuando se huye hacia él?

26.* Los escondites son incontables, la salvación es una; pero posibilidades de salvación hay tantas como escondites.

*Hay una meta, pero ningún camino. Lo que llamamos «camino» es duda.

27. Nos ha sido impuesto hacer lo negativo, hacer lo positivo ya nos ha sido dado.

28. Cuando alguien ha dado cabida al Mal en su interior, ya no reclama más que se le crea.

29. Los pensamientos secretos con los que permites la entrada del Mal en tu interior ya no son tuyos, sino del Mal.

* El animal arrebata el látigo al amo y se azota a sí mismo

para ser a su vez amo, sin saber que todo es una fantasía engendrada por un nuevo nudo en el látigo del amo.

30. El Bien está en cierto sentido desconsolado.

31. No aspiro al autodominio. El autodominio pretende incidir en un punto casual de las infinitas emanaciones de mi existencia espiritual. Si tengo que trazar semejantes círculos a mi alrededor, entonces prefiero hacerlo inactivo y admirando simplemente el monstruoso complejo. A casa me llevo exclusivamente el fortalecimiento que esa visión proporciona *e contrario*.

32. Las cornejas afirman que una sola de ellas podría destruir el cielo. De ello no hay duda, pero no demuestra nada contra el cielo, pues cielo significa: imposibilidad de cornejas.

33.* Los mártires no infravaloran el cuerpo, dejan que lo suban a la cruz. En ello coinciden con sus enemigos.

34. Su cansancio es el del gladiador después del combate, su trabajo había sido el blanqueo de un rincón en una oficina.

35. No hay un «tener», sólo hay un «ser», sólo un «ser» anhelante del último suspiro, de la asfixia.

36. Antes no entendía por qué no recibía ninguna respuesta a mi pregunta, hoy no comprendo cómo pude creer

que podía preguntar. Pero antes no creía en absoluto, sólo preguntaba.

37. Su respuesta a la afirmación de que quizá él *posee*, pero no *es*, fue exclusivamente temblor y palpitaciones.

38. Alguien se asombró de la ligereza con que tomó el camino de la eternidad; realmente descendió por él descansando.

39a. No se puede pagar al Mal a plazos – y se intenta ininterrumpidamente.

Sería posible pensar que Alejandro Magno, a pesar de los éxitos bélicos de su juventud y del ejército extraordinario que había formado, a pesar de las fuerzas dirigidas a la transformación del mundo que sentía en su interior, hubiera permanecido en el Helesponto y no lo hubiera cruzado nunca y, además, no a causa del miedo o de una voluntad débil, sino a causa de su apego a la tierra.

39b. El camino es infinito, no se puede acortar nada, no se le puede añadir nada y, sin embargo, cada uno sostiene su inocente vara de medir. «Ten por cierto que también tendrás que pasar el camino señalado por la longitud de la vara, no se olvidará.»

40. Sólo nuestro concepto de «tiempo» nos permite

denominar de este modo al Juicio Final, aunque en realidad se trata de un tribunal de excepción.

41. La desproporcionalidad del mundo parece ser, para nuestro consuelo, sólo numérica.

42. Hundir la cabeza llena de asco y odio en el pecho.

43. Todavía juegan los perros de caza en el patio, pero las piezas no se les escaparán por mucho que corran ahora por el bosque.

44. Te has enjaezado de manera ridícula para este mundo.

45. Cuantos más caballos enganches, más rápido irás —no arrancarás precisamente un bloque del fundamento, ya que es imposible, pero sí romperás las riendas y con ello el viaje alegre y vacío.

46. La palabra «sein» significa en alemán ambas cosas: «existir» y «pertenecerle a él».

47. Se les concedió la facultad de elegir entre ser reyes o mensajeros de los reyes. Como los niños, eligieron ser mensajeros. Por esta causa hay mensajeros vocingleros que recorren el mundo y, como ya no hay reyes, intercambian entre ellos mismos las noticias carentes de sentido. Con placer pondrían fin a sus vidas miserables, pero no osan hacerlo por el juramento profesional.

48. Tener fe en el progreso no quiere decir que ya se haya producido algún progreso. Eso no sería tener fe.

49. A es un virtuoso y el Cielo es su testigo.

50. * El ser humano no puede vivir sin poseer una confianza duradera en que hay algo indestructible en sí mismo, por lo que tanto lo indestructible como la confianza pueden permanecer ocultos para él de manera duradera. Una de las posibilidades de expresión de ese «permanecer oculto» es la fe en un dios personal.

51.* Necesitaba la intercesión de la serpiente: el Mal puede seducir al Hombre, pero no puede convertirse en Hombre.

52.* En la lucha que sostenéis el mundo y tú, secundo al mundo.

53. No se puede engañar a nadie, tampoco al mundo por su victoria.

54. Sólo existe el mundo espiritual; lo que denominamos el mundo de los sentidos es sólo el Mal en el mundo espiritual, y lo que denominamos el Mal es sólo una necesidad de un instante de nuestra evolución eterna.

* Con la luz más fuerte se puede descomponer el mundo. Ante unos ojos débiles se torna sólido, ante ojos más débiles

le surgen puños, ante ojos todavía más débiles se vuelve tímido y destruye a todo aquel que osa mirarle.

55. Todo es mentira: tanto buscar el mínimo de ilusión, como permanecer en lo usual o buscar el máximo. En el primer caso engañamos al Bien, ya que pretendemos apropiarnos de él con demasiada facilidad, y al Mal por querer dictarle unas condiciones de lucha demasiado desfavorables. En el segundo caso engañamos al Bien, al no aspirar a él ni una sola vez en la tierra. En el tercer caso engañamos al Bien porque nos apartamos de él todo lo posible, y al Mal, por albergar la esperanza de anular su poder por medio de su intensificación. Preferible sería aquí la segunda opción, pues siempre engañamos al Bien, pero, en este caso, no al Mal, al menos según las apariencias.

56. Hay preguntas que no podríamos olvidar, si no fuéramos liberados de ellas por naturaleza.

57. El lenguaje puede ser utilizado sólo de un modo alusivo para todo lo que queda fuera del mundo sensible, pero nunca de un modo aproximativo al método comparativo, ya que el lenguaje correspondiente al mundo sensible trata sólo de la propiedad y de sus relaciones.

58.* Se intenta mentir lo menos posible sólo cuando se miente lo menos posible y no cuando se tiene la menor oportunidad posible de mentir.

59.* Un escalón que no ha sido hollado profundamente por las pisadas es, visto desde su perspectiva, un triste pedazo de madera ensamblado.

60. Quien renuncia al mundo debe amar a todos los hombres, pues renuncia también a su mundo. Comienza a vislumbrar, por tanto, al verdadero ser humano, que no puede ser más que amado, presuponiendo que se sea de su misma condición.

61.* Quien ama en el mundo a su prójimo no comete una injusticia mayor ni menor que el que se ama a sí mismo en el mundo. Sólo queda la cuestión de si lo primero es posible.

62. El hecho de que no hay nada más que un mundo espiritual nos quita la esperanza y nos otorga la certeza.

63. Nuestro arte radica en un «ser-cegado» por la verdad: la luz en el rostro grotesco que retrocede es verdadera; si no, nada.

64/65. La expulsión del paraíso es eterna en su parte principal. La expulsión del paraíso es, por consiguiente, definitiva; la vida en el mundo, inevitable. La eternidad del proceso (o expresado en términos temporales: la eterna repetición del proceso), sin embargo, hace posible que no sólo pudiéramos permanecer en el paraíso de manera duradera, sino también que estemos efectivamente allí de manera duradera, siendo indiferente si aquí lo sabemos o no.

66. Es un ciudadano libre y protegido del mundo, pues está sujeto por una cadena que es lo suficientemente larga para alcanzar cualquier espacio libre de la tierra y, sin embargo, tan corta que nada le puede llevar más allá de los límites terráqueos. Al mismo tiempo, es un ciudadano libre y protegido del cielo, pues también está sujeto por una cadena celestial similar en sus características a la anterior. Si pretende ir a la tierra, le estrangula la argolla del cielo, si pretende ir al cielo, la de la tierra. No obstante, posee todas las posibilidades y así lo siente; sí, incluso se niega a atribuirlo todo a un error en el primer encadenamiento.

67. Persigue los hechos como un principiante que patina sobre hielo y que además se ejercita en un lugar prohibido.

68. ¡Qué es más alegre que la fe en un dios casero!

69. Desde un aspecto teórico existe una posibilidad de alcanzar la felicidad completa: creer en lo indestructible en sí y no aspirar a ello.

70/71. Lo indestructible es único. Cada ser humano lo es y, al mismo tiempo, es algo común a todos, de ahí el indisoluble vínculo sin parangón que une a los seres humanos.

72.* Hay conocimientos en el mismo ser humano que, aunque absolutamente diferentes, tienen el mismo objeto, de tal modo que éste sólo puede ser deducido de nuevo en distintos sujetos del mismo ser humano.

73. Devora la basura de su propia mesa, por lo que queda satisfecho un rato más que el resto, sin embargo ha olvidado cómo se come encima de la mesa, de ahí que deje de haber basura.

74. Si lo que en el paraíso supuestamente se destruyó, era destructible, entonces no era decisivo; si era, sin embargo, indestructible, entonces nuestra fe es falsa.

75.* Examínate en relación a la humanidad. Hace dudar a los dubitativos; a los creyentes, les hace creer.

76. Ese sentimiento: «aquí no anclo» – ¡Y, al mismo tiempo, sentir alrededor la marea creciente y agitada!

*Una transformación repentina. La respuesta, temerosa y esperanzada, acechando, rodea a la pregunta, busca desesperada en su rostro inaccesible, la persigue en lo absurdo, es decir en los caminos más distantes posibles de la respuesta.

77. Tratar con seres humanos induce a ejercitar la introspección.

78. El espíritu queda libre desde el mismo momento en que deja de ser un apoyo.

79. El amor sensual engaña acerca del celestial. Solo no podría hacerlo, pero como posee en sí mismo y de manera inconsciente el elemento celestial, lo puede hacer.

80. La verdad es indivisible, es decir no puede reconocerse a sí misma; quien quiera reconocerla, debe ser mentira.

81. Nadie puede desear lo que en el fondo le daña. Si en algunos seres humanos se produce esta apariencia –y quizá se produce siempre–, se explica porque «alguien» desea algo en el ser humano que, sin duda, es útil a ese «alguien», pero que a otro «alguien», que ha sido en cierta medida consultado para juzgar el caso, daña gravemente. Si el hombre, ya desde el principio, no se hubiera puesto de parte del segundo «alguien», el primero habría dejado de existir y, con él, el deseo.

82. ¿Por qué nos lamentamos por el pecado original? No por su causa fuimos expulsados del paraíso, sino por el árbol de la vida, para que no comamos de él.

83. No somos pecadores sólo porque hayamos comido del árbol del conocimiento, sino también porque no comimos del árbol de la vida. Pecador es el estado en que nos encontramos, independientemente de la culpa.

84. Fuimos creados para vivir en el paraíso; el paraíso estaba destinado a servirnos. Nuestro destino fue cambiado, que lo mismo ocurriera con el destino del paraíso, no ha sido dicho.

85. El Mal es una emanación de la conciencia humana en determinados momentos de tránsito. No el mundo

sensible es apariencia, sino su Mal, que ciertamente constituye para nuestros ojos el mundo sensible.

86. Desde el pecado original somos esencialmente iguales en la capacidad de conocimiento del Bien y del Mal. Sin embargo, aquí buscamos precisamente nuestras ventajas. Pero sólo más allá de ese conocimiento comienzan las verdaderas distinciones. La apariencia contraria surge por lo siguiente: nadie puede quedar satisfecho con sólo el conocimiento, sino que tiene que aspirar a actuar conforme el conocimiento dicta. Para ello, sin embargo, no se le ha otorgado la fuerza necesaria, por lo que se tiene que destruir a sí mismo, incluso corriendo el peligro de no obtener la fuerza conveniente para hacerlo; aunque no le queda otra salida que este último intento. (Éste es también el sentido de la amenaza de muerte en la prohibición de comer del árbol del conocimiento; quizá sea también el sentido original de la muerte natural.) Ante dicho intento, se asusta. Prefiere anular el conocimiento del Bien y del Mal (la designación «pecado original» procede de ese miedo); pero lo ya ocurrido no puede ser anulado, sino sólo enturbiado. Para esta finalidad surgen las motivaciones. El mundo entero está lleno de ellas, incluso el mundo visible acaso no sea otra cosa que una motivación del ser humano anhelante de un instante de tranquilidad. Un intento de falsear el hecho del conocimiento, de hacer del conocimiento mismo una meta.

87. Una fe como una guillotina, tan pesada, tan ligera.

88. La muerte está ante nosotros, casi de la misma manera en que una imagen de la batalla de Alejandro se hallaba en nuestra clase del colegio colgada en la pared. Depende de nuestros actos oscurecer todavía la imagen en esta vida o hacerla desaparecer del todo.

89. Un hombre posee libertad volitiva y, además, por triplicado: en primer lugar, era libre cuando quiso esta vida; ahora, sin embargo, ya no puede anular la decisión, pues ya no es el mismo que quiso con anterioridad; sería como si ejecutara su voluntad primigenia al vivir.

En segundo lugar, el hombre es libre porque puede escoger el camino y la forma de marchar por la vida.

En tercer lugar, es libre al poseer la voluntad, como aquel que será de nuevo una vez, de marchar por la vida en cualquier condición y de esta manera llegar hasta sí mismo, aunque por un camino que, si bien es elegible, es en todo caso tan laberíntico que no podrá dejar sin tocar el más pequeño fleco de esta vida.

Ésta es la trinidad de la libertad volitiva, aunque también, ya que se produce simultáneamente, constituye una unidad, y constituye en el fondo tal unidad que no hay lugar para una voluntad, ni libre ni esclava.

90.* Dos posibilidades: hacerse infinitamente pequeño o serlo. Lo segundo es perfección, o sea inactividad; lo primero comienzo, o sea acto.

91.* Para evitar un error de palabras: lo que tiene que ser eficazmente destruido debe ser antes completamente afianzado; lo que se desmorona, se desmorona, pero no puede ser destruido.

92. La primera adoración de ídolos no era más que miedo ante las cosas, pero era también en conexión miedo ante la necesidad de las cosas y, a su vez, era, en conexión, miedo ante la responsabilidad por las cosas. Esta responsabilidad pareció tan monstruosa que ni una sola vez se osó atribuirla a un único ser sobrehumano, pues a través de la mediación de un ser no habría sido aligerada suficientemente la responsabilidad humana. El trato con un único ser habría estado todavía demasiado cargado de responsabilidad; de ahí que se otorgara a cada cosa la responsabilidad por sí misma, más incluso, se otorgó a las cosas una cierta responsabilidad relativa por los seres humanos.

93.* ¡Psicología por última vez!

94. Dos tareas para el comienzo de la vida: reducir cada vez más tu círculo y examinar una y otra vez si no te estás escondiendo en algún lugar fuera del círculo.

95.* A veces el Mal se encuentra en la mano como una herramienta. Lo hayas reconocido o no, permite que le dejes a un lado sin resistencia, si posees la voluntad para hacerlo.

96. Las alegrías de esta vida no son las suyas, sino nuestro miedo ante el ascenso a una vida superior; los tormentos de esta vida no son los suyos, sino nuestra propia mortificación por causa de aquel miedo.

97. Sólo aquí el sufrimiento es sufrimiento. No de tal modo que los que aquí sufren puedan ser elevados en otro lugar por causa de ese sufrimiento, sino porque lo que en el mundo llamamos «sufrir» es en otro mundo, inalterado y liberado de su oposición, bendición.

98.* La idea de la infinitud y plenitud del cosmos es el resultado de la mezcla, impulsada hasta el extremo, de creación esforzada y libre autoconocimiento.

99. Cuánto más opresiva que la convicción de nuestro inexorable estado actual pecaminoso es la débil convicción de la antigua y eterna justificación de nuestra temporalidad. Sólo la fuerza para soportar esta segunda convicción, que en su pureza comprende completamente a la primera, constituye la medida de la fe.

*Algunos suponen que junto al gran fraude originario cada uno organiza para sí y conforme a cada caso una ilusión especial, por ejemplo como si en una comedia amorosa la actriz tuviera, además de la risa taimada para su amado, todavía otra risa secreta y especial para un espectador determinado de la galería más alejada. Eso sería ir demasiado lejos.

100. Puede haber un conocimiento acerca de lo demoníaco, pero ninguna fe en ello, pues no puede haber más demoníaco que lo que hay aquí.

101. El pecado aparece siempre abiertamente y se puede aprehender de inmediato con los sentidos. Va a sus raíces y no debe ser arrancado.

102. Padeceremos todos los sufrimientos que se encuentran a nuestro alrededor. Todos nosotros no tenemos un cuerpo común, pero sí un crecimiento y eso nos hace pasar por todos los dolores, ya sea de una o de otra forma. Del mismo modo en que el niño se desarrolla a través de todos los estadios de la vida hasta la ancianidad y la muerte (y este estadio le parece al primero, ya sea por deseo o miedo, inalcanzable), así nos desarrollamos (unidos con la humanidad no con menos profundidad que con nosotros mismos) a través de todos los sufrimientos de este mundo. No hay lugar para la justicia en este contexto, pero tampoco para el miedo ante el sufrimiento o para la interpretación del sufrimiento como un premio.

103. Puedes mantenerte apartado de los sufrimientos del mundo, la libertad para hacerlo te ha sido dada y además esa actitud corresponde a tu naturaleza, pero quizá sea ese alejamiento el único sufrimiento que podrías evitar.

105. El medio de seducción de este mundo y el signo de

garantía de que este mundo sólo es un tránsito son lo mismo. Con razón, pues sólo así nos puede seducir el mundo y se corresponde a la verdad. Lo peor es que después de la exitosa seducción nos olvidamos de la garantía y así el Bien nos seduce para el Mal del mismo modo en que lo hace la mirada de la mujer a su cama.

106. La humildad otorga a cada uno, también al solitario desesperado, la relación más fuerte con el prójimo y, además, de inmediato, si bien sólo en caso de una humildad completa y duradera. La humildad puede conseguirlo porque es el verdadero lenguaje de la oración, al mismo tiempo adoración y fuerte vínculo. La relación con el prójimo es la misma que la de la oración; la relación consigo mismo, la de la relación de la aspiración; de la oración se saca la fuerza para la aspiración.

* ¿Puedes conocer algo que no sea otra cosa que engaño? Si el engaño fuese destruido una sola vez, no podrías mirar o te convertirías en estatua de sal.

107. Todos son tan amables con A, como si alguien intentara proteger cuidadosamente un billar estupendo, incluso de los buenos jugadores, hasta que llegue el gran jugador, examinando el tablero, no tolerando ningún fallo precipitado, pero luego, cuando empieza a jugar, se comporta de modo iracundo y sin el más mínimo respeto.

108. «Entonces regresó al trabajo como si nada hubiera ocurrido.» Esta observación se ha tornado usual porque procede de una gran cantidad oscura de relatos, aunque probablemente no aparezca en ninguno de ellos.

109. «No se puede decir que nos falta fe. Sólo el hecho simple de nuestra vida es inagotable en su valor para la fe.» «¿Habría aquí algo digno de fe? Pero no se puede no-vivir.» Precisamente en este «pero no se puede» se esconde la fuerza demencial de la fe; en esta negación cobra forma.

* No es necesario que salgas de casa. Permanece en la mesa y escucha. No escuches, espera solamente. No esperes, permanece tranquilo y solo. El mundo se te ofrecerá para que le arranques la máscara, no puede hacerlo de otra manera, se retorcerá arrebatador ante ti.

MISCELÁNEA

LA LEY

La Ley constituye uno de los conceptos esenciales kafkianos en el ámbito de lo que podríamos denominar su metaforología del poder. Como «topos literario» tiene su origen en los textos cabalísticos y talmúdicos. Por una parte hace referencia a un principio de justicia no escrito, anhelado por el hombre, pero que siempre se muestra inalcanzable y evasivo. Por otra parte se convierte en un signo del poder, en un elemento de dominio que, unido a una arbitrariedad aparente, simbolizada por el tema del «proceso», rige la existencia de los seres humanos. La Ley, en este caso, tiene vigencia aunque su contenido permanezca intencionadamente oculto; es más, su vigencia y su fuerza radican en su invisibilidad, en su «inexistencia» formal. Un instrumento de poder semejante permite un control exhaustivo de las conciencias, implanta la inseguridad personal, pero crea un orden social perfecto garantizado por el miedo y el abandono. El que infringe la Ley en el mundo kafkiano se convierte paradójicamente en su garante.

•❯ Ante la Ley se encuentra un guardián que protege la puerta de entrada. Un hombre procedente del campo se acerca a él y le pide permiso para acceder a la Ley. Pero el guardián dice que en ese momento no le puede permitir la entrada. El hombre piensa y pregunta si podrá entrar más tarde. «Es posible –responde el guardián–, pero ahora no.» Ya que la puerta de acceso a la Ley permanece abierta, como siempre, y el guardián se sitúa a un lado, el hombre se inclina para mirar a través del umbral y ver así qué hay en el interior. Cuando el guardián advierte su propósito, ríe y dice: «Si tanto te tienta, intenta entrar a pesar de mi prohibición. Ten en cuenta, sin embargo, que soy poderoso y que, además, soy el guardián más ínfimo. Ante cada una de las salas permanece un guardián, el uno más poderoso que el otro. La mirada del tercero es ya para mí insoportable.» El hombre procedente del campo no había contado con tantas dificultades. La Ley, piensa, debe ser accesible a todos y en todo momento, pero al considerar ahora con más exactitud al guardián, cubierto con su abrigo de piel, al observar su enorme y prolongada nariz, la barba negra, fina, larga, tártara, decide que es mejor esperar hasta que reciba el permiso para entrar. El guardián le da un taburete y deja que tome asiento en uno de los lados de la puerta. Allí permanece sentado días y años. Hace muchos intentos para que le inviten a entrar y cansa al guardián con sus súplicas. El guardián le somete a menudo a cortos interrogatorios, le pregunta acerca de su hogar y de otras cosas, pero son preguntas indiferentes, como las que hacen grandes señores, y al final siempre repetía que todavía no podía permitirle la entrada. El hombre, que se había provisto muy bien para el viaje, utiliza todo, por valioso que sea, para sobornar al guardián. Éste lo acepta todo, pero al mismo tiempo dice: «Sólo lo acepto para que no creas que has omitido algo.» Durante los muchos años que allí estuvo, el hombre observó al guardián de forma casi ininterrumpida. Olvidó a los otros guardianes y éste le terminó pareciendo el único impedimento para tener acceso a la Ley. Los primeros años maldijo la desgraciada casualidad, más tarde, ya envejecido, sólo murmura para sí. Se vuelve senil, y como ha sometido durante tanto tiempo al guardián a un largo estudio ya es capaz de reconocer a la pulga en el cuello de su abrigo de piel, por lo que solicita a la pulga que le ayude para cambiar la opinión del guardián. Finalmente su vista se torna débil y ya no sabe realmente si oscurece a su alrededor o son sólo los ojos que le engañan. Pero ahora advierte en la oscuridad un brillo que irrumpe indeleble a través de la puerta de la Ley. Ya no vivirá mucho más. Antes de su muerte se concentran en su cabeza todas las experiencias del tiempo pasado y toman forma en una sola pregunta que hasta ahora no había hecho al guardián. Entonces le guiña un ojo, ya que no puede incorporar su cuerpo entumecido. El guardián tiene que inclinarse hacia él profundamente porque la diferencia de tamaños ha variado en perjuicio del hombre. «¿Qué quieres saber ahora? –pregunta el guardián–, eres insaciable.» «Todos aspiran a la Ley –dice el hombre–. ¿Cómo es posible que durante tantos años sólo yo haya solicitado la entrada?» El guardián comprueba que el hombre ha llegado a su fin y, para que su débil oído pueda percibirlo, le grita: «Ningún otro podía haber recibido permiso para entrar por esta puerta, pues esta entrada estaba reservada sólo para ti. Yo me voy ahora y cierro la puerta.»

Ante la Ley

↝ Él no vive en función de su vida personal, tampoco piensa en función de su pensamiento personal. Le parece como si viviera y pensara bajo la coacción de una familia que posee, ciertamente, un exceso de fuerza vital y mental, y para la que él significa, según una ley desconocida cualquiera, una necesidad formal. A causa de esta familia desconocida y por estas leyes desconocidas no puede ser puesto en libertad.

Descripción de una lucha

↝ Nuestras leyes no son conocidas por todos, en realidad son un secreto del pequeño grupo de aristócratas que nos gobierna. Estamos convencidos de que estas leyes se cumplen con rigor, pero no deja de ser algo bastante penoso que nos dominen leyes que no conocemos. No pienso aquí en las distintas posibilidades de interpretación y las desventajas que puede traer consigo que sólo algunos y no todo el pueblo puedan participar en la interpretación de las mismas. Estas desventajas no son quizá tan grandes. Las leyes son tan antiguas; se ha trabajado durante siglos en su interpretación, incluso esta interpretación se ha convertido ya en ley. Todavía existe cierta libertad interpretativa, aunque muy limitada. Además, la aristocracia no tiene ningún motivo notorio para dejarse influir por su interés personal en la interpretación y perjudicarnos, pues las leyes fueron fijadas desde un principio por la aristocracia. La aristocracia queda fuera del ámbito de la ley, precisamente por eso parece que la ley ha recaído exclusivamente en las manos de la aristocracia. En ello hay naturalmente sabiduría –¿quién duda de la sabiduría de las leyes antiguas?–, pero también es para nosotros una fuente de tormento, probablemente inevitable.

Por lo demás, estas leyes aparentes realmente sólo pueden ser supuestas. Su existencia constituye una tradición, también que hayan sido confiadas a la aristocracia como un secreto. Pero este secreto no es, ni puede ser, una tradición más antigua ni más digna por su antigüedad, pues el carácter de estas leyes reclama el secreto de su vigencia. Si seguimos con atención, desde los tiempos más antiguos, la actividad de la aristocracia respecto al pueblo, si poseemos escritos de nuestros antepasados que atestiguan acerca de esa actividad, si los hemos continuado en conciencia y hemos creído reconocer en los numerosos hechos ciertas líneas directrices que se pueden ajustar a una u otra disposición histórica, y si intentamos organizarnos un poco para el presente y el futuro según las consecuencias extraídas con tanto cuidado, entonces todo sigue siendo inseguro y quizá sólo un juego de la razón, pues es posible que las leyes que aquí intentamos adivinar no existan en absoluto. Hay un pequeño partido que sostiene esta opinión e intenta demostrar que si existe una ley su contenido sólo puede ser: lo que determina la aristocracia es ley. Este partido contempla exclusivamente actos arbitrarios de la aristocracia y rechaza la tradición popular que, según su parecer, trae consigo una mínima utilidad casual; por el contrario produce graves daños, ya que otorga al pueblo, respecto a acontecimientos venideros, una seguridad falsa y falaz que desemboca en la imprudencia. No se pueden negar estos perjuicios, sin embargo la inmensa mayoría de nuestro pueblo ve el origen del problema en que la tradición todavía no es suficiente, es decir que aún habría que seguir investigando en ella, ya que el material reunido, tan enorme como parece, sigue siendo demasiado pequeño, por lo que tendrán que transcurrir siglos antes de que otorgue una base suficiente. El presente sombrío que supone este modo de considerar las cosas se ve iluminado por la fe en que llegará un tiempo en el que la tradición y su investigación conocerá, respirando por fin, un punto final, en el que todo quedará claro, la Ley pertenecerá sólo al pueblo y la aristocracia desaparecerá. Esto no se dice con odio hacia la aristocracia, en absoluto, nadie lo piensa así. Más bien nos odiamos a nosotros mismos, pues todavía no podemos ser dignos de las leyes. Precisamente por ello permanece tan pequeño el partido mencionado que no cree en ninguna ley, aunque en cierto sentido su teoría es bastante tentadora, además, él también reconoce plenamente a la aristocracia y su derecho a existir.

Sólo se puede expresar con una especie de contradicción: un partido que rechazase junto a la fe en las leyes también a la aristocracia, tendría enseguida a todo el pueblo detrás, pero no puede surgir un partido semejante porque nadie osa rechazar a la aristocracia. Sobre este filo de la navaja vivimos. Un escritor lo resumió una vez de la manera siguiente: la única ley visible y segura que se nos ha impuesto es la aristocracia y ¿vamos a poner nuestra vida en peligro sólo por una ley?

Sobre la cuestión de las leyes

↪ La libre disposición de un mundo despreciando sus leyes. La imposición de la ley. Felicidad de esta fidelidad a la ley. Pero no es posible imponer exclusivamente la ley al mundo, todo quedaría como antes. El nuevo legislador debe ser libre. Eso no sería una ley, sino arbitrariedad, rebelión, autocondena.

Diarios

↪ Si alguien quisiera deducir de esas apariencias que nosotros, en realidad, no tenemos ningún Emperador, no estaría muy lejos de la verdad. Siempre tengo que repetir lo mismo: quizá no exista en el sur un pueblo más fiel al Emperador que el nuestro, pero esta fidelidad no beneficia en nada al Emperador. El dragón sagrado permanece, ciertamente, sobre la pequeña columna a la salida del pueblo y lanza en signo de homenaje, desde tiempos inmemoriales, su aliento ígneo exactamente en la dirección de Pekín, pero Pekín no deja de ser para los habitantes del pueblo un lugar mucho más ajeno que el «otro mundo». ¿Debería realmente existir un pueblo en el que una casa sigue a la otra, cubriendo los campos y llegando más allá de lo que la vista alcanza desde nuestra pequeña montaña, y donde seres humanos pululan noche y día cabeza con cabeza? Mucho más fácil que imaginar una ciudad semejante sería para nosotros creer que Pekín y el Emperador son un mismo ser, digamos una nube que vaga tranquila bajo el sol a lo largo de los tiempos.

La consecuencia de semejantes opiniones es una vida en cierto modo libre y ausente de dominio. En ningún caso inmoral, apenas he encontrado en mis viajes una pureza moral como la que hay en mi pueblo. Pero sí una vida que no está bajo ninguna ley coetánea y que sólo obedece a las advertencias y consejos que nos han sido transmitidos desde tiempos antiguos.

La construcción de la muralla china

•> Permaneció con sus papeles en medio de la habitación y miró hacia la puerta, que no se abrió otra vez. Se asustó por la llamada de los vigilantes que estaban sentados a la mesita, ante la ventana abierta, y que, como K pudo comprobar, devoraban su desayuno.

—¿Por qué no ha entrado? —preguntó.

—Porque no puede —respondió el vigilante alto—. Usted está detenido.

—¿Cómo puedo estar detenido y, además, de esta manera?

—Ya comienza usted de nuevo —dijo el vigilante y mojó

un trozo de pan con mantequilla en el bote de mermelada–. No respondemos ese tipo de preguntas.

–Pues deberán responderlas –dijo K–. Aquí están mis documentos de identificación, muéstrenme ahora los suyos y, ante todo, la orden de detención.

–¡Cielo Santo! –exclamó el vigilante–. Que usted no pueda adaptarse a su situación, y parece que se ha propuesto irritarnos inútilmente, a nosotros, que probablemente en estos momentos estamos más cerca de usted que cualquier otra persona.

–Así es, créalo –dijo Franz, que, en vez de llevarse la taza que sostenía en la mano a los labios, dirigió a K una larga mirada, quizá significativa pero incomprensible.

K se dejó involucrar, sin quererlo, en un diálogo de miradas con Franz, pero luego agitó sus documentos y dijo:

–Aquí están mis documentos de identificación.

–¿Qué nos importan a nosotros sus papeles? –gritó el vigilante alto–. Usted se comporta como un niño enfadado. ¿Qué quiere usted? ¿Pretende que, al discutir con nosotros, los vigilantes, sobre legitimación y orden de detención, termine con mayor rapidez su gran y maldito proceso? Somos empleados del nivel más bajo, que no entendemos nada de documentos de identidad y que no tenemos nada que ver con su causa excepto por el hecho de vigilarle diez horas diarias, para lo que se nos paga. Eso es todo lo que somos, sin embargo somos capaces de darnos cuenta de que las altas autoridades, a cuyo servicio estamos, antes de disponer una detención semejante se informan con exactitud sobre los motivos de la detención y sobre la identidad del detenido. No hay ningún error. Nuestras autoridades, tal y como las conozco, y sólo conozco los grados más bajos, no buscan la culpa en la población, sino que, como dice la ley, se ven atraídas por la culpa y tiene que enviarnos a nosotros, los vigilantes. Eso es ley. ¿Dónde podría haber un error?

—Esa ley no la conozco —dijo K.

—Peor para usted.

—Sólo existe en sus cabezas —dijo K, que quería penetrar de algún modo en los pensamientos de los vigilantes, ponerlos a su favor o familiarizarse con ellos.

Pero el vigilante sólo dijo de un modo reservado:

—Ya se hará que usted la sienta.

Franz se inmiscuyó y dijo:

—Mira, Willem, lo confiesa, no conoce la ley y al mismo tiempo afirma su inocencia.

—Tienes razón, pero no hay manera de que comprenda nada —dijo el otro.

El proceso

➥ Si no era ningún Tribunal, ¿por qué buscaba aquí a un mentor? Porque yo buscaba por todas partes a un mentor, un mentor es útil en todas partes; incluso resulta menos necesario en un Tribunal que en cualquier otro sitio, pues el Tribunal dicta la sentencia según la ley, eso es lo que deberíamos creer. Si creyéramos que aquí se procede de modo injusto o imprudente, la vida no sería posible. Se debe tener la confianza de que el Tribunal otorga espacio libre a la «majestad de la ley», pues ésa es su única tarea; en la misma ley todo es, sin embargo, acusación, defensa y sentencia; sería un sacrilegio que aquí se inmiscuyera un extraño por su cuenta. Otra cosa muy distinta ocurre con los antecedentes de hecho que fundan una sentencia, ya que estos se basan en preguntas realizadas en varios lugares, entre parientes y extraños, en el círculo de la familia o entre el público. Aquí se necesita urgentemente poseer mentores, mentores en cantidad, los mejores mentores, uno junto a otro, un muro viviente, pues los mentores son sedentarios por naturaleza; los acusadores, esos zorros astutos, comadrejas ladinas, ratones invisibles, se deslizan, sin embargo, por los agujeros más pequeños y pasan rápidamente por entre las piernas del mentor.

El mentor

⚫ 19 de enero. ¿Qué significan hoy las comprobaciones de ayer? Significan lo mismo que ayer, son verdad, sólo que la sangre discurre por entre las grandes piedras de la ley.

Diarios

PRAGA

Praga y Kafka, la ciudad y su escritor. Pocas veces se ha producido una simbiosis tan perfecta entre obra y urbe. Johannes Urzidil, amigo de Kafka, acentuaba esta reciprocidad y afirmaba que Kafka era Praga y Praga era Kafka. En su obra respira la ciudad. La atmósfera, las calles, los puentes, los rincones, los cafés, las sombras y las luces, todo se puede hallar, a veces casi imperceptible, en las páginas del genial escritor. Y en verdad que la ciudad es digna de su hijo. Una metrópoli que constituyó el centro de Europa, punto neurálgico en el que se cruzó la historia alemana, austríaca, judía y eslava. Praga es la ciudad de los Habsburgo, del Golem, del rabino Löw. Pero la relación de Kafka con su ciudad no representaba una declaración de amor incondicional, más bien se trataba de un vínculo indisoluble determinado por el amor y el odio, por un complejo crisol de sentimientos encontrados que hacían de la ciudad un imán con la capacidad de atraer y repeler, a veces con una intensidad lacerante.

⇥ Curriculum Vitae:

Nací el 3 de julio de 1883 en Praga. Asistí a la escuela pública del casco antiguo hasta el cuarto grado y luego asistí al instituto público alemán también del casco antiguo. Con dieciocho años comencé mis estudios en la Universidad alemana Karl Ferdinand de Praga. Después de aprobar el último examen de Estado, trabajé a partir del 1 de abril de 1906 como ayudante del abogado Dr. Richard Lowy, en el casco antiguo. En junio aprobé el «Rigorosum»[2] y el mismo mes obtuve el grado de Doctor en Derecho.

Entré en el bufete, tal y como acordé con el señor abogado, sólo para aprovechar el tiempo, ya que desde un principio había renunciado a seguir la carrera de la abogacía. El 1 de octubre de 1906 entré en el gabinete jurídico y permanecí hasta el 1 de octubre de 1907.

DR. FRANZ KAFKA

-• En los inicios de la construcción de la torre de Babel todo se mantenía en un orden aceptable. Sí, el orden era quizá demasiado perfecto, se pensaba mucho en guías, intérpretes, alojamientos para los trabajadores y vías de comunicación, como si se tuvieran por delante siglos de trabajo en libertad. La opinión dominante en aquel tiempo llegaba a manifestar que no se podía construir con la suficiente lentitud. No se debió exagerar tanto esta opinión como para asustarse de poner los cimientos. Se argumentaba de la manera siguiente: Lo esencial de toda la empresa es construir

---

[2] Para la obtención del título de Doctor había que presentar la tesis doctoral y, una vez aceptada ésta por la universidad, realizar un examen oral denominado "Rigorosum" que incluía determinadas materias cursadas durante la carrera.

una torre que llegue hasta el cielo. El resto es accidental. El pensamiento, una vez aprehendido en su grandeza, ya no puede desaparecer. Mientras haya seres humanos, existirá el deseo imperioso de construir la torre hasta el final. A este respecto, no hay que preocuparse por el futuro, todo lo contrario, la sabiduría de la humanidad aumenta, el arte de la construcción ha progresado y progresará en el futuro; una obra, para la que ahora necesitamos un año, podrá realizarse probablemente dentro de cien años en tan sólo medio año y, además, mejor, más consistente. ¿Por qué, pues, esforzarnos hoy hasta el límite de nuestras fuerzas? Ello sólo tendría sentido si pudiéramos albergar la esperanza de concluir la torre en el plazo de una generación. Pero eso es imposible. Más bien se puede esperar que la próxima generación, debido al perfeccionamiento de los conocimientos, encuentre mal el trabajo de la generación anterior y decida destruirlo para comenzar de nuevo desde el principio. Tales pensamientos debilitaron las fuerzas y, más que preocuparse por la construcción de la torre, se preocuparon por la construcción de la ciudad de los trabajadores. Cada círculo de compatriotas quería poseer el alojamiento más bello, de ahí que surgieran disputas que desembocaron en luchas sangrientas. Estas luchas no cesaron. Para los líderes constituyeron un argumento nuevo para que se construyera la torre con mayor lentitud, debido a la falta de la necesaria concentración, o para continuar las obras después de alcanzar la paz. Pero no se luchaba todo el tiempo, en las pausas se embellecía la ciudad, lo que constituía un motivo de envidia y el origen de nuevas luchas. Así transcurrió la primera generación, aunque ninguna de las siguientes fue distinta; sólo aumentó la perfección técnica y con ella las ansias de lucha. La segunda o tercera generación reconoció, por fin, el absurdo de la construcción de una torre celestial, pero los vínculos entre la población habían aumentado tanto que nadie pensaba en abandonar la ciudad. Todas las canciones y sagas que surgieron en la ciudad estaban henchidas del anhelo de un día profético, en el que la ciudad sería destruida por cinco golpes consecutivos de un puño enorme. De ahí que la ciudad ostente también un puño en su escudo[3].

El escudo de la ciudad

➥ Aquí estaba mi instituto; en aquel edificio del lado opuesto, mi universidad. Un poco más hacia la izquierda se encuentra mi oficina. En este pequeño círculo —y trazó con su dedo un par de pequeños círculos— queda encerrada toda mi vida.

Kafka a su profesor de hebreo Friedrich Thieberger

➥ Veo una ciudad en la lejanía, ¿es a la que tú te refieres? Es posible, pero no comprendo cómo puedes reconocer una

---

[3] El escudo de la ciudad de Praga muestra una fortaleza con tres torres. La puerta de la muralla permanece abierta y por ella pasa un brazo que empuña una espada.

ciudad. Puedo discernir algo desde que has dirigido mi atención hacia allí, aunque no mucho más que algún impreciso contorno en la niebla.

Oh, sí, la veo, es una montaña con un castillo arriba y con las laderas cubiertas por casas como las de un pueblo.

Así que ésa es la ciudad, entonces tienes razón, es realmente un pueblo grande.

Fragmentos póstumos

➞ Quizá no pueda permanecer mucho tiempo en el mismo lugar. Hay hombres que sólo pueden adquirir un sentimiento de apego a la patria cuando viajan.

A Tila Rössler

➞ Es una ciudad entre las ciudades, su pasado fue más grande que su presente, pero éste es todavía lo suficientemente importante.

Fragmentos póstumos

➞ Hoy es, además, el primer día en que siento la ciudad.

A Ottla

➞ En aquel tiempo vivíamos en la calle Zeltner. Justo enfrente había un negocio de confección, ante cuya puerta permanecía siempre una empleada. Arriba paseaba yo de un lado a otro, estudiando con los nervios en tensión el sinfín de cosas absurdas que constituían la materia del primer examen de Estado. Era verano, hacía mucho calor, prácticamente insoportable. Permanecí de pie en la ventana, con la antipática Historia del Derecho romano entre los dientes. Al final nos entendimos por señas. Tenía que recogerla a las ocho de la noche, pero cuando bajé a esa hora ya había otro, aunque este suceso no cambió mucho las cosas, yo tenía miedo de todo el mundo, por lo tanto también de aquel hombre. Si no hubiera estado allí, habría tenido igual miedo de él. La muchacha se colgó del brazo del desconocido, pero me hizo señas para que los siguiera. Llegamos a la isla Schützen, allí bebimos cerveza, yo en una mesa contigua, y luego nos fuimos lentamente, yo detrás, hasta la casa de la muchacha, en algún lugar cerca del mercado de la carne. El hombre se despidió y la muchacha entró en la casa. Esperé un rato hasta que regresó, y luego nos fuimos a un hotel de la Kleinseite. Ya ante el hotel todo fue excitante, seductor y repugnante. En el interior del hotel no fue distinto. Y cuando regresábamos por la mañana por el puente de Karl —todavía con calor y todo hermoso— me encontraba feliz, pero esa felicidad consistía exclusivamente en que mi cuerpo eternamente quejumbroso por fin había encontrado algo de tranquilidad; pero sobre todo consistía en que el encuentro no había sido todavía más repugnante ni más sucio. Estuve otra vez con la muchacha, creo que dos noches después, y todo fue tan bien como la primera vez, pero cuando después salí y sentí la frescura del verano, cuando jugué fuera un poco con una niña, no pude volver a ver a aquella dependienta en Praga...

❧ De este modo conocí de una sola vez a todas las estrellas por su nombre, aunque jamás me había aprendido los nombres. Sí, eran nombres extraños, difíciles de retener, pero los sabía todos y con precisión. Elevando mi dedo índice, pronunciaba en voz alta el nombre de cada una de las estrellas. Sin embargo, no podía llegar muy lejos, pues tenía que seguir nadando, ya que no quería hundirme demasiado. Pero para que no se me pudiera reprochar después que cualquiera puede nadar sobre el empedrado y que, por consiguiente, no es ningún hecho digno de ser contado, me alcé un tiempo sobre la balaustrada y rodeé nadando cada una de las estatuas de santos que encontré. En la quinta, precisamente cuando me mantenía sobre el empedrado con brazadas vigorosas, un conocido me tomó de la mano. Ahora estaba otra vez sobre el empedrado y sentí un dolor en la rodilla. Había olvidado el nombre de las estrellas.

Mi conocido se acercó cada vez más sin parar de hablar y en el mismo instante en que comencé a comprender sus palabras un resplandor blanco brincó a lo largo de la barandilla del puente, penetró en la torre del mismo y desapareció por una oscura callejuela.

Siempre amé, dijo mi conocido señalando la estatua de

Santa Ludmila, las manos de este ángel, a la izquierda. Su delicadeza no tiene límites, y los dedos, extendidos, tiemblan. Pero a partir de esta noche esas manos me son indiferentes, puedo decirlo, pues besé las manos. Entonces me abrazó, besó mi ropa y golpeó mi cuerpo con su cabeza.

Fragmentos póstumos

➤ Estoy aquí, en la ciudad, desde hace ya más de veinte años. ¿Puedes imaginarte lo que eso representa? Veinte veces he pasado aquí cada estación del año (...). Los árboles han crecido durante veinte años, qué pequeños deberíamos volvernos entre ellos. Y todas esas noches, ya sabes, en todas las casas. Una vez nos apoyamos en esta pared, otras en aquella, así la ventana gira a nuestro alrededor.

Diarios

➤ 25 de octubre. Triste, nervioso, corporalmente mal, miedo de Praga. En la cama.

Cuadernos en octavo

➤ Todos tienen en su interior un demonio mordiente y destructor de las noches y eso no es ni bueno ni malo, ya que es la vida. Si no lo tuviéramos, no viviríamos. Lo que usted maldice en él es su propia vida. Ese demonio es el material (y realmente un material maravilloso) que usted ha recibido y con el que tiene que hacer algo ahora. Si usted ha trabajado en el campo, eso no ha supuesto, por lo que sé, ninguna huida, sino que usted ha pastoreado a su demonio del mismo modo que se pastorea al ganado, hasta ese momento alimentado en las callejuelas de Teplitz, hacia una zona de mejores pastos. En el puente de Karl, en Praga, hay un relieve bajo la estatua de un santo que muestra su historia. El santo labra un campo y ha enganchado en el arado a un demonio. Éste aparece furioso (fase de transición; mientras el demonio no quede también satisfecho, no se trata todavía de una victoria completa), hace rechinar los dientes, mira hacia atrás, a su señor, con una mirada malvada, torcida y encoge el rabo de un modo espasmódico; pero ha sido puesto bajo el yugo. Bien, usted, Minze, no es ninguna santa y no debe serlo, además no es necesario que lo sea y sería triste, una pena, si todos sus demonios tuvieran que empujar el arado, aunque sería bueno para una gran parte de ellos y constituiría para usted una gran y buena acción. No lo digo sólo porque me parezca así, usted misma aspira en el fondo de su corazón a hacerlo.

A Minze Eisner

➤ La semana pasada me adaptaba perfectamente a la calle en la que vivo y a la que he denominado: «calle para que los suicidas tomen impulso.»

A Hedwig Weiler

➥ No tengo nada que arriesgar y todo que ganar si me despido y me voy de Praga. No arriesgo nada, pues mi vida en Praga no conduce a nada bueno.

A Ottla y la familia

➥ En aquel tiempo regresé de Múnich después de haber recuperado mi valor. Fui a una inmobiliaria donde me hablaron al principio de una vivienda en uno de los palacios más bellos. Dos habitaciones y un recibidor, en el que, al dividirlo, se había construido un cuarto de baño. Seiscientas coronas al año. Era un sueño hecho realidad. Fui hacia allí. Las habitaciones eran altas y bellas, rojas y doradas, como en Versalles. Cuatro ventanas daban a un patio bastante hundido y tranquilo, otra daba al jardín. ¡El jardín! Cuando se llega a la puerta del palacio, apenas se puede creer lo que se ve. A través de la elevada segunda puerta, ovalada y flanqueada por cariátides, se contempla a partir de unas escaleras de piedra bellamente bifurcadas que conducen a un gran jardín, una extensa ladera que sube lentamente hasta terminar en una glorieta. Pero la vivienda tenía un pequeño fallo. El inquilino anterior, un joven que vivía separado de su mujer, permaneció aquí con sus sirvientes sólo un par de meses, pues fue trasladado repentinamente (es funcionario) fuera de Praga. Pero en tan poco tiempo había invertido tal suma en la casa que no quería renunciar a ella sin más.

A Felice Bauer

[58]

❧ ... no hay una vida más agradable ni, ante todo, más libre que la vida en el pueblo, libre en un sentido espiritual, oprimido lo menos posible por el ambiente y por el pasado.

❧ Realmente todavía no se puede decir que me haya acomodado (en tu habitación sí, pero en la ciudad aún no). Respiro peor, pero probablemente porque ando más rápido (he mejorado algo), duermo muy mal, los primeros días apenas estuve despierto. Pero eso será una fase de transición, por lo que respecta a todo lo demás sólo puedo decir que, en lo principal, no me arrepiento del traslado.

A Ottla

❧ La ciudad se asemeja al sol. En su núcleo central todo es luz, concentrada con intensidad. La luz ciega, extravía, impide que se encuentren las calles, las casas; una vez que se ha entrado ya no se puede salir de allí. En otro anillo, más grande que el anterior, todavía se experimenta cierta estrechez, pero la luz ya no irradia ininterrumpidamente, hay oscuras callejuelas, pasadizos escondidos, incluso pequeños lugares que permanecen crepusculares y frescos; luego se encuentra un anillo mucho más grande, aquí la luz está tan dispersa que hay que buscarla. Grandes superficies urbanas permanecen en esta zona con un aspecto frío y gris. A continuación se conecta con el campo abierto, descolorido, otoñal, desnudo, apenas surcado alguna vez por una especie de relámpago.

En esta ciudad es constantemente más temprano, apenas una incipiente mañana; el cielo es armónico, casi de un gris claro. Las calles permanecen vacías, limpias y tranquilas; en alguna parte se mueve lentamente el batiente de una ventana que no ha sido asegurado; en algún lugar se agitan las esquinas de un paño que ha sido extendido en la barandilla de un balcón en un último piso; en algún sitio vibra ligeramente la cortina de una ventana abierta. Nada se mueve aparte de eso.

Fragmentos póstumos

➻ Praga no te suelta. No a nosotros dos. Esta madrecita tiene garras. Hay que adaptarse o incendiarla desde dos puntos distintos, desde Vysehrad y desde Hradschin, entonces sería posible escapar.

A Oscar Pollak

EL MIEDO, LA ANGUSTIA
Y LA SOLEDAD

Kafka tuvo una existencia atormentada. Su infancia, distorsionada por la difícil relación con un padre tiránico, provocó posteriormente una crisis de madurez y unos deseos de emancipación en continua tensión con su dependencia y necesidad de calor humano. A este foco de inestabilidad se sumaba su vocación literaria, en cierta manera un instrumento de equilibrio psicológico, y la imposibilidad de dedicarse a ella con plenitud. El resultado fue una concatenación de crisis de angustia, agotamientos intelectuales, insomnios crónicos, padecimientos psicosomáticos y presagios de locura. Un cuadro semejante sólo podía derivar en la enfermedad física, en este caso la tuberculosis, que Kafka siempre interpretó como un reflejo de su bancarrota espiritual. No deja de ser extraño constatar que la irrupción de la enfermedad significara un retroceso claro de los síntomas apuntados, como si la certeza de la enfermedad hubiera destruido la incertidumbre de una existencia que avanzaba a marchas forzadas hacia la muerte.

•→ Una cierta pesadez le impide levantarse, un sentimiento de seguridad ante cualquier imprevisto, la visión de un lecho que le ha sido preparado y le pertenece. Sin embargo, una intranquilidad que le expulsa del lecho le impide seguir yaciendo con sosiego.

Descripción de una lucha

➥ Vivo con mi familia, entre seres excelentes y dignos de ser amados, como un extraño entre extraños.

A Felice Bauer

➥ Hundimiento, imposibilidad de dormir, de permanecer despierto; imposibilidad de soportar la vida o, con mayor precisión, de soportar el sucederse de la vida. Los relojes no coinciden, el reloj interno acelera de una manera diabólica o satánica, en todo caso inhumana; el externo avanza atascándose, con su marcha habitual.

Diarios

➥ Me aislaré de todos hasta la inconsciencia. Me enemistaré con todos, no hablaré con nadie.

Diarios

➥ 6 de julio. Una y otra vez el mismo pensamiento, la ansiedad, el miedo. Pero más tranquilo que en otras ocasiones, como si se estuviera preparando un gran progreso, cuyo temblor lejano ya siento. He dicho demasiado.

Diarios

❧ Soy un enfermo mental, la enfermedad pulmonar es sólo un desbordamiento de la enfermedad mental.

A Milena

❧ Incapaz de vivir, de hablar con seres humanos. Completo ensimismamiento, un pensar exclusivamente en mí mismo. Apático, falto de ideas, angustiado. No tengo nada que decir, nunca, a nadie.

Diarios

❧ Estamos abandonados como niños extraviados en el bosque. Cuando permaneces ante mí y me miras, qué sabes tú de los dolores que hay en mí y qué sé yo de los que hay en ti. Y si yo me arrojara a tus pies y llorara y te contara, qué sabrías más de mí que del infierno, si alguien te hubiese dicho que allí hace calor y es un lugar espantoso. Sólo por eso los seres humanos deberíamos mostrarnos entre nosotros tan respetuosos, tan pensativos y amantes como si estuviéramos ante las puertas del infierno.

A Oskar Pollak

❧ Probablemente notarás que no duermo desde hace unas noches. Es simplemente el «miedo».

A Milena

Insomnio. Ya la tercera noche seguida. Me duermo con facilidad, pero despierto transcurrida una hora, como si hubiera introducido mi cabeza en el agujero erróneo. Estoy completamente despierto..., ante mí está de nuevo el trabajo de dormirme y me siento rechazado por el sueño.

A Milena

Dos niños que estaban solos en una habitación se introdujeron en un gran baúl; la tapa cayó, no pudieron abrir y se ahogaron.

Diarios

Es evidente que estoy siendo atacado, tanto por la izquierda como por la derecha, por enemigos demasiado poderosos y no puedo huir ni hacia la derecha ni hacia la izquierda.

Diarios

Ahora soy más inseguro de lo que jamás fui. Sólo siento la violencia de la vida. Y estoy en un vacío sin sentido. Realmente soy como una oveja perdida en la noche que vaga por la montaña, o como una oveja que sigue a esa oveja.

Diarios

No es miedo ante el viaje; peor, es un miedo general.

A Felix Weltsch

Quizá te darás cuenta de que mezclo al escribir lo necesario y lo innecesario, y eso tiene su motivo bueno y malo. Prescindiendo del resto, lo que me conduce al Georgental (la alegría de compartir un poco la vida con vosotros; permanecer en la cercanía de tu trabajo; disfrutar algo del período de Zürau, que ha desaparecido definitivamente con todo lo que yo era antaño; ver un poco de mundo y convencerme de que en otros lugares hay un aire respirable –precisamente para mis pulmones–, un conocimiento que no hará que el mundo avance, pero que tranquiliza un deseo corrosivo). Prescindiendo de todo esto hay un motivo extraordinariamente importante por el que viajo: mi miedo. Tú podrás, ciertamente, imaginarte este miedo de alguna manera, pero no podrás llegar hasta lo más profundo de él, eres demasiado valeroso para eso. Tengo, dicho sinceramente, un miedo espantoso al viaje, naturalmente no precisamente sólo ante este viaje, sino ante cualquier cambio. Cuanto mayor sea el cambio, más grande es el miedo. Pero eso sólo es proporcional. Si me limitase a las transformaciones más nimias –algo que la vida no permite–, el traslado de una mesa en mi habitación se convertiría definitivamente en un suceso no menos espantoso que el viaje al Georgental. Por lo demás, no sólo el viaje al Georgental es horrible, también lo será el regreso. En el último y en el penúltimo motivo se trata sólo de miedo a la muerte. En parte también se trata del miedo a llamar la atención de los dioses. Si continúo viviendo aquí, en mi habitación, el día transcurre con la misma regularidad que los otros; debo, naturalmente, cuidar de mí mismo, pero la cosa ya funciona, la mano de los dioses mueve mecánicamente los hilos. Es tan bello, es tan bello pasar inadvertido. Si hubiera un hada en mi balanza, sería el hada «pensión». Pero abandonar ahora este bello curso de las cosas, dirigirme hacia la estación bajo el gran cielo libre con el equipaje, traer el caos al mundo, con lo que sólo se consigue advertir el propio caos interno, todo eso es horrible. Y, sin embargo, tiene que suceder así. Debería –no podría durar demasiado– «desaprender» la vida. Entonces, entre el quince y el veinte. Saludos a todos...

A Oskar Baum

➻ No es miedo al Georgental, donde, tan pronto llegara, la misma noche, seguro que me habituaría. No es tampoco una voluntad débil, que exige que la decisión sólo se produzca cuando la razón lo ha calculado todo, lo que es, la mayor parte de las veces, imposible. Aquí se trata de un caso límite, en el que la razón puede realmente calcular y siempre llega al mismo resultado: que debo viajar. Más bien es miedo ante el cambio, miedo de dirigir la atención de los dioses hacia mí al realizar una acción demasiado grande para mis circunstancias.

A Max Brod

LA MUERTE

La muerte estuvo siempre presente en la vida y obra de Kafka. Se puede hablar de una obsesión que se manifestaba tanto en su vida cotidiana, por ejemplo en su interés por el desenlace mortal en sucesos, como en su vida literaria, la muerte de sus personajes, sobre todo el cómo mueren, es significativo en conexión con sus biografías. La muerte aparece casi siempre como liberación de una situación existencial extrema y sin salida, en cierto modo la muerte constituye la normalidad, mientras la vida deriva en un «estado de excepción» que sirve de escenario para un proceso de destrucción de la personalidad. Pero en la obra de Kafka siempre hay que distinguir entre el morir y la muerte. La agonía o la forma de morir, generalmente descrita de modo desgarrador, indigna en su banalidad y vulgaridad prosaica, marca un contraste primordial con el hecho de la muerte, con el final de la existencia terrenal, con la posible liberación de esta prisión que, para Kafka, es el mundo.

➥ En mi caso se puede pensar en tres círculos: A, el más interno, luego B y a continuación C. El núcleo A explica a B por qué este hombre tiene que atormentarse y desconfiar de sí mismo, por qué tiene que renunciar..., por qué no puede vivir (...). Al hombre que actúa no se le explica nada, sólo recibe órdenes de B. C actúa bajo la más severa presión, bañado en sudor angustioso (¿existe un sudor angustioso tal que irrumpa en la frente, las mejillas, las sienes, en las raíces del pelo, resumiendo, por todo el cráneo? Así le ocurre a C). C actúa, pues, más por miedo que con ayuda de la razón. Él confía, cree que A le explica todo a B y que B lo comprende todo con exactitud y que así lo transmite a su vez.

A Milena

➤ El mundo horrible que tengo en la cabeza. Pero cómo liberarme y liberarle sin tener que desgarrar. Y es mil veces mejor desgarrar que retenerlo o enterrarlo en mi interior. Para eso estoy aquí, eso me es del todo claro.

Diarios

➤ Quizá este miedo no sea sólo miedo, sino también un anhelo hacia algo que es más que todo lo que causa el miedo.

A Milena

➤ ¿Te he dicho alguna vez que admiro a mi padre? Que él es mi enemigo y yo el suyo, como está determinado por la naturaleza, ya lo sabes, pero además mi admiración por su persona es quizá tan grande como el miedo que le tengo.

A Felice

➳ Era muy temprano por la mañana. Las calles estaban completamente vacías y yo iba a la estación. Cuando comparé mi hora con la del reloj de la torre, comprobé que era mucho más tarde de lo que había creído. Tuve que apresurarme. El susto que me causó comprobar mi tardanza provocó que tuviera inseguridad en la elección del camino, pues todavía no me orientaba bien en la ciudad. Felizmente encontré a un policía en las cercanías. Me acerqué corriendo hasta él y le pregunté sin respiración por el camino. Rió y dijo: «¿De mí quieres conocer el camino?» «Sí –le respondí–, ya que no puedo encontrarlo por mí mismo.» «Renuncia, renuncia», dijo, y se volvió con gran ímpetu, como los que quieren permanecer a solas con su risa.

¡Renuncia!

➳ Ay, Dios, pensó, ¡qué profesión más agotadora he escogido! Día sí y día no de viaje. Las preocupaciones laborales son mucho más grandes que en el negocio propiamente dicho, en la ciudad. Y, además, me han impuesto esta plaga de los viajes, la preocupación por las conexiones de los trenes, la comida mala e irregular, un trato humano que nunca es duradero ni afectuoso. ¡Que se lo lleve todo el diablo!

La metamorfosis

➳ 18 de octubre de 1917. Miedo de la noche. Miedo de la «no-noche».

Cuadernos en octavo

⇢ La terrible inseguridad de mi existencia interna.

Diarios

⇢ ¿Te asusta pensar en la muerte? Yo sólo tengo un miedo horrible al dolor... Por lo demás, uno se puede aventurar a la muerte.

A Milena

⇢ Podría morir, pero no padecer dolores. Con el esfuerzo por evitarlos, los aumenté claramente. Podría resignarme a morir, pero no al dolor, me faltaría el movimiento anímico, como cuando todo está empaquetado y los remos son retirados con esfuerzo una y otra vez sin que se produzca la partida. Lo peor, los dolores inmortales.

Fragmentos póstumos

⇢ No me he redimido con la escritura. He muerto durante toda mi vida y ahora moriré realmente. Mi vida fue más dulce que la de otros, tanto más horrible será mi muerte.

A Max Brod

⇢ El escritor que hay en mí morirá, naturalmente, enseguida, pues una figura semejante carece de suelo, de consistencia, no es ni siquiera de polvo; sólo es posible en la vida terrenal más absurda, sólo es una construcción de la sensualidad. Éste es el escritor. Yo mismo, sin embargo, no puedo seguir viviendo, puesto que no he vivido. He permanecido siempre barro, no he logrado que la chispa se convirtiese en fuego, sólo la he utilizado para iluminar al cadáver. Será un entierro peculiar: el escritor, algo, por consiguiente, inconsistente, entregará al viejo cadáver, al cadáver de siempre, a la tumba.

A Max Brod

➜ La muerte tuvo que sacarle de la vida del mismo modo en que se saca a un inválido de una silla de ruedas. Estaba aferrado a la vida con la misma fuerza y peso con los que el inválido se sentaba en la silla de ruedas.

Fragmentos póstumos

➜ «¿Y ahora?», se preguntó Gregor y miró en la oscuridad que le rodeaba. Pronto hizo el descubrimiento de que no podía moverse en absoluto. No se asombró por ello, más bien le pareció antinatural que hasta ahora realmente hubiera podido avanzar con esas patitas tan finas. Por lo demás, se sentía relativamente a gusto. Tenía, es cierto, dolores en todo el cuerpo, pero le parecía como si se fueran tornando más y más débiles y como si fueran, finalmente, a desaparecer. Apenas sentía ya la manzana podrida en su espalda ni la zona infectada a su alrededor, que se encontraba completamente cubierta por un polvo fino. Recordó a su familia con amor y ternura. Su opinión de que tenía que desaparecer era más firme, si cabe, que la de su hermana. Permaneció en ese estado de reflexión vacía y pacífica hasta que el reloj de la torre dio las tres de la madrugada. Todavía pudo percibir las luces del alba a través de la ventana. Entonces su cabeza se inclinó por completo de un modo involuntario y sus ventanas nasales exhalaron el último suspiro.

Cuando, a la mañana siguiente, llegó la limpiadora –dando fuertes portazos por las prisas, pese a que se le había rogado a menudo que lo evitara, de tal modo que desde el momento de su llegada ya no era posible dormir tranquilo–, no encontró nada especial en su acostumbrada corta visita a Gregor. Pensó que yacía allí sin moverse de forma intencionada y para hacerse el ofendido. Le creía capaz de todo posible razonamiento. Como mantenía casualmente la escoba larga en la mano, intentó hacer cosquillas a Gregor desde la puerta. Al no tener ningún éxito, se enfadó y le golpeó un poco. Sólo cuando desplazó a Gregor sin ninguna resistencia, sospechó algo. Tan pronto como reconoció el verdadero estado de las cosas, abrió los ojos desmesuradamente y emitió un silbido; pero no permaneció allí, sino que abrió bruscamente la puerta del dormitorio y gritó en la oscuridad del interior: ¡Mírenlo, ha estirado la pata, ahí está, ha estirado por completo la pata!

La Metamorfosis

•• Salieron rápidamente de la ciudad, que en esa dirección conectaba con el campo casi sin transición. Una pequeña cantera, abandonada y vacía, se hallaba en las cercanías de una casa como las que había en la ciudad. Aquí se pararon, ya fuera porque ese lugar había constituido su meta desde el principio, ya porque estuvieran demasiado agotados como para seguir caminando. En ese momento dejaron libre a K, que esperaba sin pronunciar una palabra, se quitaron los sombreros de copa y, mientras miraban en torno a la cantera, se limpiaron con pañuelos el sudor de la frente. El claro de luna era visible en todas partes con la naturalidad y sosiego que no le han sido otorgados a ninguna otra luz.

Después de intercambiar algunas cortesías respecto a quién debía ejecutar el siguiente cometido –parecían haber recibido el encargo conjuntamente–, uno de ellos se acercó a K y le quitó la chaqueta, el chaleco y, finalmente, la camisa. K tembló involuntariamente, por lo que uno de los hombres le dio una palmada ligera y tranquilizadora en la espalda. Luego reunió las prendas de vestir cuidadosamente, como cosas que fueran todavía a ser utilizadas, aunque no en un próximo periodo de tiempo. Para no exponer a K sin moverse al frío aire de la noche, le tomó del brazo y anduvo un poco con él, mientras el otro hombre recorría la cantera buscando un lugar adecuado. Cuando lo hubo encontrado, hizo una señal y el hombre acompañó a K hasta allí. Era cerca de uno de los muros, donde yacía una roca desprendida. Los hombres hicieron que K se sentara en el suelo, le apoyaron en la piedra y levantaron su cabeza. A pesar del esfuerzo que hicieron y de toda la colaboración que K demostró, su postura permaneció esforzada e inverosímil. Uno de los hombres pidió por ello al otro que dejara un rato a K para que se tendiera por sí mismo, pero el resultado no fue mejor. Finalmente dejaron a K en una postura que no era la mejor de las que habían conseguido. A continuación, uno de los hombres abrió su levita y sacó de una funda, que pendía de un cinturón tensado alrededor del chaleco, un cuchillo de carnicero largo, delgado y afilado por ambas partes. Lo mantuvo en alto y comprobó el filo a la luz. De nuevo comenzaron las desagradables cortesías, uno entregaba el cuchillo al otro sobre K, éste lo devolvía a su vez sobre K. K sabía ahora de sobra que su deber hubiera sido tomar el cuchillo cuando oscilaba de mano en mano sobre él y clavárselo. Pero no lo hizo, sino que más bien giró el cuello todavía libre y miró a su alrededor. No podía satisfacer plenamente todas las exigencias, quitarle todo el trabajo a las autoridades, la responsabilidad por este último error recaía sobre el que le había negado el resto de la fuerza necesaria para hacerlo. Su mirada se posó en el último piso de la casa próxima a la cantera. Los batientes de una ventana se abrieron violentamente como el parpadeo de una luz. Un hombre, débil y delgado por la lejanía y la altura, se inclinó con un impulso hacia adelante y extendió los brazos. ¿Quién era? ¿Un amigo? ¿Un buen hombre? ¿Alguien que tomaba parte? ¿Alguien que quería ayudar? ¿Era sólo uno? ¿Eran todos? ¿Era ayuda? ¿Había objeciones que se habían olvidado? Seguro que había. La lógica es, ciertamente, imperturbable, pero no puede oponer resistencia a un hombre que quiere vivir. ¿Dónde estaba el juez que nunca había visto? ¿Dónde estaba el Tribunal Superior al que no había llegado nunca? Elevó las manos extendiendo todos los dedos.

Pero las manos de uno de los hombres atenazaron la garganta de K, mientras el otro le clavaba el cuchillo profundamente en el corazón y allí lo hacía girar dos veces. K pudo ver todavía con los ojos vidriosos cómo los hombres, próximos a su rostro y mejilla con mejilla, observaban la decisión. «¡Como un perro!», dijo, era como si la vergüenza quisiera sobrevivirle.

El proceso

➡ «Hablas sin cesar de la muerte, pero no te mueres.»

«Y, sin embargo, moriré. Precisamente entono mi canto final. El canto de uno es más largo; el de otro, más corto; pero la diferencia se puede expresar siempre con pocas palabras.»

Fragmentos póstumos

➡ Nuestra salvación es la muerte, pero no ésta.

Cuadernos en octavo

➡ Quien ha sufrido un estado de muerte aparente puede contar cosas horribles de esa experiencia, pero lo que hay después de la muerte, eso no lo puede decir, pues realmente no ha estado más cerca de la muerte que cualquier otro. Sólo ha «experimentado» algo especial, y lo no especial, la vida cotidiana, se ha tornado por ello más valiosa. Algo similar ocurre con todo aquel que experimenta algo especial. Moisés, por ejemplo, experimentó con seguridad en el monte Sinaí algo «especial», pero en vez de consagrarse a este algo «especial», como un muerto aparente que no da señales de vida y permanece en el ataúd, huyó bajando por la montaña y tuvo naturalmente algo valioso que contar, y amó a los hombres, hacia los que había huido, mucho más de lo que lo había hecho antes. Luego consagró su vida a los hombres, quizá se pueda decir que en señal de gratitud. De ambos, tanto del muerto aparente como del Moisés que regresa, se puede aprender mucho, pero a través de ellos no se puede experimentar lo decisivo, pues ellos mismos no lo han experimentado. Y si lo hubieran experimentado, jamás habrían regresado. Pero nosotros tampoco queremos experimentarlo. Eso se puede constatar con el hecho de que a veces, por ejemplo, tenemos ocasionalmente el deseo de experimentar lo mismo que el muerto aparente o que Moisés, pero con la seguridad de que regresaremos, sí, incluso deseamos nuestra muerte, aunque ni siquiera en pensamiento queramos permanecer vivos en un féretro sin posibilidad de regresar o en el monte Sinaí...

Todo esto no tiene nada que ver con el miedo a la muerte...

Fragmentos póstumos

➥ Después de la muerte de un ser humano irrumpe en la tierra, por un espacio de tiempo y en el ámbito del muerto, una tranquilidad especial y bienhechora. La fiebre terrenal ha cesado, no se ve más cómo continúa el morir, un error parece haber sido solventado, para los mismos vivientes constituye una oportunidad para respirar libremente, por lo que se abre la ventana de la habitación del muerto –hasta que todo se manifiesta como una apariencia y comienzan el dolor y los lamentos.

Cuadernos en octavo

➥ Lo cruel de la muerte consiste en que trae el dolor real del fin, pero no el fin.

Lo más cruel de la muerte: un fin aparente causado por un dolor real.

Cuadernos en octavo

➥ Desear la muerte, pero no los dolores, ése es un mal signo. Por lo demás, se puede optar por la muerte. Se le ha enviado como a la paloma bíblica, no ha encontrado tierra y se introduce de nuevo a hurtadillas en la oscuridad del arca.

A Milena

➤ El suicida es el preso que ve cómo levantan una horca en el patio de la prisión, cree erróneamente que está destinada a él, huye de la celda por la noche, baja y se cuelga.

Fragmentos póstumos

➤ Fui huésped en la casa de los muertos. Era una cripta grande y limpia, ya había algunos ataúdes, aunque todavía quedaba mucho sitio. Dos ataúdes estaban abiertos, el interior ofrecía el aspecto como de camas deshechas que hubieran sido abandonadas recientemente. Situada en un lado, de tal modo que no pude darme cuenta al principio, se hallaba una mesa de escritorio a la que se sentaba un hombre de cuerpo poderoso. En su mano derecha sostenía una pluma; parecía como si hubiera escrito algo y se hubiera detenido en ese mismo instante. La mano izquierda jugaba en el chaleco con una espléndida cadena de reloj y su cabeza se inclinaba profundamente sobre ella. Una sirvienta limpiaba aunque no había nada que limpiar.

Tiré con curiosidad del pañuelo que cubría su cabeza y que ensombrecía su rostro. Entonces pude verla. Era una muchacha judía que había conocido antaño. Tenía un rostro exuberante y blanco, así como ojos negros y esbeltos. Cuando me sonrió desde sus harapos, que la hacían parecer una anciana, dije: «Todo lo que usted hace aquí es un poco de comedia.» «Sí –dijo ella–, un poco, ¡cómo lo sabes!» Entonces señaló al hombre sentado en el escritorio y dijo: «Ahora ve y saluda a aquel señor. Mientras no le saludes, en realidad no puedo hablar contigo.» «¿Quién es?», le pregunté en voz baja. «Un noble francés –dijo–, creo que se llama De Poitin.» «¿Cómo ha venido hasta aquí?», pregunté. «No lo sé –dijo ella–, aquí hay una gran confusión. Esperamos a alguien que ponga orden, ¿eres tú?» «No, no», dije yo. «Eso es muy razonable –dijo ella–, pero ahora preséntate al señor.»

Fui hacia él y me incliné. Cómo él no levantó la cabeza –sólo podía ver su pelo blanco y revuelto–, le deseé las buenas noches. Siguió sin moverse, un gato pequeño recorrió el borde de la mesa, había saltado del regazo del señor y volvió a desaparecer por el mismo sitio. Quizá no miraba la cadena del reloj, sino bajo la mesa. Yo sólo quería aclarar cómo había venido, pero mi conocida me tiró de la chaqueta y murmuró: «Ya es suficiente.»

Yo quedé muy satisfecho, me volví hacia ella y fuimos cogidos del brazo por la cripta. La escoba me estorbaba. «Tira la escoba», dije. «No, por favor –dijo ella–, deja que me la quede. Que limpiar aquí no me causa ningún esfuerzo, ya lo ves, ¿verdad? Bien, pero aquí disfruto de ciertas ventajas a las que no quiero renunciar. ¿Quieres, por lo demás, quedarte aquí?», dijo desviando la conversación. «Por ti me quedaría aquí encantado», dije lentamente. En ese momento íbamos estrechándonos mutuamente como una pareja de enamorados. «Quédate, quédate –dijo ella–, cómo he anhelado tu llegada. No es tan malo estar aquí como tú quizá temes. Y qué nos importa a los dos lo que hay a nuestro alrededor.» Fuimos un rato en silencio, habíamos desenlazado los brazos que ahora ceñían nuestros cuerpos. Seguimos por el camino principal, había ataúdes a la derecha y a la izquierda, la cripta era muy grande, al menos muy larga. Estaba oscuro, pero no del todo, era como un crepúsculo que, sin embargo, todavía iluminaba algo el lugar en que nos hallábamos y un pequeño círculo a nuestro alrededor. De repente dijo: «Ven, te enseñare mi ataúd.» Me quedé sorprendido. «Pero tú no estás muerta», dije. «No —dijo ella—, pero para ser sincera, no conozco mucho este lugar, por eso estoy tan contenta de que hayas venido. Lo entenderás en poco tiempo. Ahora lo ves todo probablemente más claro que yo. En todo caso: tengo un ataúd.» Torcimos a la derecha en un camino lateral, otra vez entre dos hileras de ataúdes. Por la disposición del lugar y el ambiente me recordaba a una gran bodega que había visto. Siguiendo el camino pasamos por un pequeño arroyo, apenas de un metro de ancho, que corría con rapidez. Después llegamos al ataúd de la muchacha. Disponía de bellos cojines guarnecidos. Se sentó en el interior y me hizo una señal, menos con el dedo que con la mirada, para que yo también la acompañara. «Querida niña» —dije yo, retirándole el pañuelo de la cabeza y poniendo mi mano en su sedosa cabellera—. Todavía no puedo permanecer contigo. Hay alguien en la cripta con el que debo hablar. ¿No quieres ayudarme a buscarle?» «¿Tienes que hablar con él? Aquí no existen obligaciones», dijo ella. «Pero yo no soy de aquí.» «¿Crees que podrás salir todavía de aquí?» «Seguro», dije yo. «Razón de más para que no pierdas el tiempo», dijo ella. Buscó entre los cojines y sacó una camisa. «Ésta es mi camisa de muerta –dijo, y a continuación me la alcanzó–, pero yo no la llevo.»

Fragmentos póstumos

LA CULPA

Si se elaborara una fenomenología kafkiana de la culpa, habría que realizar un número considerable de distinciones. Entre ellas podríamos destacar la culpa al contravenir una ley desconocida, inexistente o imaginada; la culpa que emerge de la autoinculpación, es decir el reproche de no adaptarse a la realidad, de desobedecer determinadas normas ideales impuestas por una especie de «superyó»; la culpa que surge de no responder a las esperanzas familiares, sobre todo a los deseos del padre; la culpa metafísica o mística de los aforismos, reflejo de determinadas doctrinas de la religión judía acerca del pecado y de la expiación. Baste con estos ejemplos que ponen de manifiesto la imposibilidad de comprender la obra de Kafka sin penetrar en el fenómeno de la culpa, que es uno de los pilares básicos de la compleja personalidad del escritor checo y de la estructura temática de sus escritos.

➼ ... El sueño es el ser más inocente; el hombre insomne, el más culpable.

A Milena

➺ Por el momento no había ningún motivo para una preocupación exagerada. Había logrado alcanzar, en un periodo de tiempo relativamente corto, un puesto elevado en el banco y mantenerse, reconocido por todos, en ese puesto. Ahora sólo tenía que aplicar al proceso las capacidades que le habían ayudado a tener éxito. No cabía duda de que entonces todo tendría que salir bien. Ante todo era necesario, si se quería alcanzar algo, rechazar desde un principio cualquier pensamiento de una posible culpa. No existía culpa alguna. El proceso no era otra cosa que un gran negocio, como los que había cerrado con tanto beneficio para el banco. Un negocio en cuyo interior, como era la regla, amenazaban peligros, de los que naturalmente había que protegerse. Para este fin no había que jugar en ningún caso con un pensamiento cualquiera de culpa, sino permanecer en lo posible en el pensamiento del beneficio propio. Desde esta perspectiva, era por completo inevitable despojar al abogado de su mandato de representación lo más pronto posible, a ser posible aquella misma noche.

El proceso

➺ El oficial advirtió que estaba en peligro de ser detenido demasiado tiempo en la aclaración del aparato. Se dirigió por consiguiente al viajero, se colgó de su brazo, señaló con la mano al condenado, que ahora, ya que la atención se había concentrado ostensiblemente en él, adoptó un porte marcial –también el soldado tensó la cadena– y dijo: «Las cosas funcionan de la manera siguiente: yo he sido nombrado juez en la colonia penitenciaria y a pesar de mi juventud, ya que asistí al Comandante anterior en todos los asuntos penales, por lo que conozco muy bien el aparato. El principio fundamental en que baso mis decisiones es el siguiente: la culpa es siempre inconcusa. Otros tribunales no pueden seguir este principio, pues son colegiados y tienen incluso otros tribunales superiores por encima. Pero ese no es el caso aquí, o, al menos, no era el caso con el Comandante anterior.

En la colonia penitenciaria

⤞ Cuando era niño no dejaba de hacerme reproches, con tu conformidad, porque no iba lo suficiente al templo, no ayunaba etc. No creía cometer con ello una injusticia contra mí, sino contra ti, y la conciencia de culpa, que siempre estaba al acecho, me invadía por completo.

Carta al padre

⤞ K no contestó nada, pero no era realmente el calor lo que le procuraba un estado de malestar, más bien se trataba del aire pesado, prácticamente irrespirable, ya que la habitación hacía tiempo que no había sido aireada. Para K esta incomodidad se vio acentuada con el deseo del pintor de que se sentara en la cama, mientras él tomaba asiento ante el caballete en la única silla de la habitación. El pintor, además, debió de interpretar mal el por qué K permanecía en el borde de la cama, ya que le pidió que se pusiera cómodo. Como K dudó, se acercó hasta él y le colocó en el fondo de la cama, donde se encontraba la almohada. Luego volvió a su silla y finalmente planteó la primera pregunta objetiva que hizo olvidar a K todo lo demás:

—¿Es usted inocente? –preguntó.

—Sí –dijo K.

La respuesta a esta pregunta le hizo francamente feliz, sobre todo porque había sido emitida ante una persona particular, es decir sin ningún sentimiento de responsabilidad. Nadie hasta ahora le había preguntado de una manera tan abierta. Para saborear esa alegría añadió:

—Soy completamente inocente.

—Ah –dijo el pintor, hundió la cabeza y pareció meditar. De repente levantó de nuevo la cabeza y dijo:

—Si usted es inocente, entonces la cuestión es bastante fácil.

La mirada de K se turbó. Ese supuesto hombre de confianza del tribunal hablaba como un niño ignorante.

—Mi inocencia no simplifica las cosas –dijo K.

Tuvo que reír a pesar de todo y sacudió despacio la cabeza.

—Depende de muchas finezas en las que el tribunal se pierde. Al final sale a la luz una gran culpa de cualquier parte en la que originariamente no había nada.

—Sí, sí, ciertamente –dijo el pintor como si K molestara innecesariamente su ilación de pensamientos–. ¿Pero usted es inocente?

—Bien, sí –dijo K.

—Eso es lo principal –dijo el pintor.

No había manera de influir en él con argumentos contrarios. No obstante su decisión, no quedaba claro si hablaba así por convencimiento o sólo por indiferencia. K quería averiguarlo al principio, por lo que dijo:

–Usted conoce mucho mejor que yo al tribunal. Yo no sé más que lo que he oído a través de personas muy distintas. Pero todos coinciden en que no se levantan acusaciones irreflexivas y que cuando un tribunal acusa es porque está convencido de la culpabilidad del acusado, siendo difícil apartarle ya de esa convicción.

–¿Difícil? –preguntó el pintor y alzó una mano–. Nunca se apartará el tribunal de esa convicción. Si yo pintase en un lienzo a todos los jueces uno al lado del otro y usted se defendiera ante ese lienzo, tendría usted más éxito que ante el verdadero tribunal.

–Sí –dijo K, olvidando que había querido sondear al pintor.

El proceso

➡ Sólo yo tengo la culpa. Consiste en poseer muy poca verdad de mi parte, todavía demasiada poca verdad, la mayoría mentira, mentira causada por el miedo a mí mismo y a los hombres. Este cántaro se rompió mucho antes de ir a la fuente. Y ahora cierro la boca para permanecer un poco en la verdad. La mentira es horrible, no hay tormento espiritual más maligno.

A Milena

➤ Tiene muchos jueces. Son como un ejército de pájaros sentado en un árbol.

Fragmentos póstumos

➤ —¿Sabes que tu proceso va mal? —preguntó el sacerdote.

—También a mí me lo parece —respondió K—. Me he esforzado todo lo posible, pero hasta ahora en vano. Aunque es cierto que todavía no he terminado el escrito judicial.

—¿Cómo te imaginas el final? —preguntó el sacerdote.

—Al principio pensé que tenía que terminar bien —dijo K—, ahora dudo de ello algunas veces. No sé cómo terminará. ¿Lo sabes tú?

—No —dijo el sacerdote—, pero me temo que terminará mal. Se te considera culpable. Tu proceso no pasará probablemente de una instancia inferior. Tu culpabilidad se considera probada, al menos provisionalmente.

—Pero yo no soy culpable —dijo K—, se trata de un error. ¿Cómo puede ser un hombre culpable? Todos somos hombres, tanto el uno como el otro.

—Eso es cierto —dijo el sacerdote—, pero así acostumbran a hablar los culpables.

—¿Tienes tú también un prejuicio contra mí? —preguntó K.

—No tengo ningún prejuicio contra ti —respondió el sacerdote.

—Te lo agradezco —dijo K—, todos los demás que participan en el proceso tienen prejuicios contra mí. Se los inoculan también a los que permanecen ajenos al asunto. Mi posición es cada vez más difícil.

—Malinterpretas los hechos —dijo el sacerdote—, la sentencia no se pronuncia de una vez, sino que el proceso se va convirtiendo paulatinamente en la sentencia.

El proceso

➝ —¿Qué dice la sentencia? —preguntó el visitante.

—¿Tampoco lo sabe? —dijo el oficial asombrado, y se mordió los labios—. Disculpe si mis explicaciones son algo desordenadas. Le suplico que me perdone. El Comandante era el que acostumbraba antes a dar las explicaciones. El nuevo Comandante ha declinado este deber honorífico. Que él, sin embargo, no ponga ni siquiera en conocimiento de una visita tan importante la forma de nuestra sentencia es otra novedad que...

Tenía una maldición en los labios, pero se rehízo y dijo:

—No fui informado de ello, la culpa no recae sobre mí.

En la colonia penitenciaria

➝ Estoy condenado, y no sólo estoy condenado hasta el final, sino que también estoy condenado a defenderme hasta el final.

Diarios

–¿Usted mismo trabaja entonces también para el tribunal? Me gustaría saber más acerca de eso.

–Precisamente acerca de eso le puedo informar muy poco –dijo el comerciante–. Al principio lo intenté, pero al poco tiempo me vi obligado a dejarlo. Es demasiado agotador y no contribuye mucho al éxito. Trabajar allí y al mismo tiempo negociar ha resultado del todo imposible, al menos para mí. Simplemente el estar allí sentado esperando representa un esfuerzo. Ya conoce usted el aire pesado de las secretarías.

–¿Cómo sabe usted que he estado allí? –preguntó K.

–Yo estaba precisamente en la sala de espera cuando usted pasó por allí.

–¡Qué casualidad! –exclamó K dejándose llevar y olvidando completamente la ridiculez previa del comerciante–. ¡Entonces usted me vio! Usted estaba en la sala de espera cuando yo pasé. Sí, yo pasé una vez por allí.

–No es tanta casualidad –dijo el comerciante–, yo estoy allí prácticamente todos los días.

–Probablemente yo tendré que ir más a menudo en el futuro –dijo K–, aunque no seré recibido con tanto honor como la primera vez. Todos se levantaron. Se creyeron que yo era un juez.

–No –dijo el comerciante –, aquella vez saludamos al ayudante del juzgado. Que usted era un acusado, eso lo sabíamos de sobra. Noticias semejantes se extienden con rapidez.

–Entonces ya lo sabía –dijo K–. Me imagino que en ese

caso mi comportamiento le debió de parecer arrogante. ¿No se manifestó nadie sobre ello?

—No —dijo el comerciante—, todo lo contrario. Pero eso son tonterías.

—¿Qué son tonterías? —preguntó K.

—¿Por qué pregunta? —dijo el comerciante molesto—. Usted no parece conocer todavía a la gente que estaba allí y quizá no lo entendería correctamente. Usted tiene que pensar que en este proceso se habla de muchas cosas para las que no basta la razón. Simplemente se está demasiado cansado y distraído para muchas cosas y se cae, por añadidura, en la superstición. Hablo de los demás, pero yo no soy mejor. Una superstición es, por ejemplo, que muchos pretenden reconocer especialmente por la forma de los labios el resultado del proceso. Esa gente afirmó que usted, según la forma de sus labios, sería condenado con certeza y en breve. Repito, se trata de una superstición ridícula y en la mayoría de los casos ha sido completamente rebatida por los hechos, pero cuando se convive con semejante compañía es difícil sustraerse a ese tipo de opiniones. Piense usted sólo en la fuerza con que puede operar esa superstición. Usted se dirigió allí a alguien, ¿no?, pero apenas le pudo responder. Existen naturalmente muchos motivos, pero uno de ellos fue la visión de sus labios. Más tarde nos contó que él había creído ver también en sus labios su propia condena.

El proceso

AMOR, SEXO Y MATRIMONIO

La vida sentimental de Kafka fue extraordinariamente comple-
ja. Su relación con las mujeres, como atestigua su corresponden-
cia, se veía influida por múltiples factores perturbadores. Si en
su visión del sexo se mezclaba el sentimiento de culpa con temo-
res psicológicos de índole variada, en su idea del matrimonio
colisionaba el afán de independizarse de su familia con un esta-
do conyugal que suponía, según su modo de considerar la insti-
tución, un sometimiento a reglas que coartaban su libertad
creativa. Este dilema se extendió durante toda la vida de Kafka,
que en la biografía sentimental de Kierkegaard encontró con-
suelo y cierto parentesco espiritual. El resultado fue la disolu-
ción de toda una serie de promesas de matrimonio. La irrup-
ción de la enfermedad contribuyó, finalmente, por deshacer las
contradictorias esperanzas que puso en una boda con Felice
Bauer. No obstante, poco antes de su muerte, decidió irse a vivir
con Dora Diamant, con la que sostuvo una corta relación
extramatrimonial.

⟶ Amor significa que tú eres para mí el cuchillo con el
que remuevo mi interior.

A Milena

➤ La quiero tanto como soy capaz de querer, pero el amor queda enterrado hasta la asfixia bajo el miedo y los reproches que me hago a mí mismo.

Diarios

➤ Permanecer puro	Estar casado
Soltero	Marido
Permanezco puro	¿Puro?
Conservo todas mis fuerzas	Permaneces fuera de contexto, te conviertes en un bufón, gi ras como una veleta, no avanzas, saco del sistema circulatorio de la vida toda la fuerza a la que puedo acceder.
Sólo respondo de mí mismo	Tanto más loco por ti (Grillparzer, Flaubert
Ninguna preocupación. Concentración en el trabajo	Como crezco en fuerzas, resisto más. Aquí hay algo de verdad.

Fragmentos póstumos

➤ El celibato y el suicidio están en un nivel similar del conocimiento; suicidio y martirio, en ningún caso, quizá matrimonio y martirio.

Fragmentos póstumos

➤ El coito como castigo por la felicidad de estar juntos. Vivir en lo posible de manera ascética, más ascético que un soltero, ésa es la única posibilidad para mí de soportar el matrimonio. ¿Pero ella?

Diarios

➤ Ella buscaba algo y él buscaba algo, furiosos, esbozando muecas; buscaban introduciendo sus cabezas en el pecho del otro, y sus abrazos y sus cuerpos entrelazados con violencia no les hacían olvidar, sino que les recordaban el deber de buscar. Como los perros escarban desesperados en el suelo, así escarbaban en sus cuerpos; lamían el rostro del otro desamparados, decepcionados, para rebañar todavía algo de felicidad.

El Castillo

➤ En las primeras horas del nuevo año no podría tener otro deseo más grande ni más loco que estar indisolublemente unido contigo por las muñecas, la de tu mano izquierda y la de mi derecha. No sé a ciencia cierta por qué se me ha ocurrido semejante idea ... probablemente porque una vez fue conducida una pareja al cadalso unida de ese modo.

A Felice Bauer

→ El miedo ante la unión, ante el fluir hacia la otra parte. Entonces ya no estoy nunca más solo.

Diarios

→ La amo y no puedo hablar con ella. La espío para no encontrármela.

Fragmentos póstumos

→ El matrimonio es, con seguridad, la caución por la más enérgica autoliberación e independencia. Tendría una familia, lo máximo que, en mi opinión, se puede alcanzar, lo máximo, pues, que tú has alcanzado. Sería de tu misma condición, toda la vieja y eternamente nueva vergüenza y tiranía serían sólo historia.

Carta al padre

→ El impedimento matrimonial más importante es, sin embargo, el ya inextirpable convencimiento de que para el mantenimiento de la familia, para sacarla adelante, hace falta necesariamente todo lo que he reconocido en ti y, además, todo junto, bueno y malo, del mismo modo en que está orgánicamente unido en ti, es decir fortaleza y escarnio de los demás, salud y una cierta desmesura, talento retórico y deficiencia, confianza en ti mismo e insatisfacción con los demás, superioridad frente al mundo y tiranía, conocimiento humano y recelo frente a la mayoría, luego, también, privilegios sin desventajas como esfuerzo, resistencia, presencia de ánimo y valentía. De todo lo enumerado yo tenía, comparativamente, casi nada o muy poco, ¿y con esto osaba casarme, mientras veía que tú mismo tenías que luchar denodadamente en el matrimonio y que incluso habías fracasado con tus hijos? Esta pregunta no me la planteé naturalmente de una manera expresa y tampoco la respondí de una manera expresa, si no el pensamiento usual se habría adueñado de la cuestión y me habría mostrado a otros hombres diferentes (para nombrar a uno cerca de ti y bastante distinto: el tío Richard), también casados y que, al menos, no se han derrumbado bajo el peso del matrimonio, lo que ya es mucho y me hubiera bastado con creces. Pero esta cuestión no me la planteé, sino que la experimenté desde la infancia. No me examiné sólo respecto al matrimonio, sino respecto a cualquier pequeñez. Respecto a cualquier nimiedad me convenciste de mi incapacidad a través de tu ejemplo y de tu educación, del modo en que he intentado describirlo, y todo lo que tenía validez respecto a una pequeñez y te daba la razón tenía naturalmente que constatarse en los asuntos de importancia, o sea en el matrimonio. He crecido, lo que se refleja en mis pretensiones matrimoniales, como un hombre de negocios que vive al día, ciertamente con preocupación y malos presagios, pero sin una contabilidad correcta. Este hombre tiene algunas ganancias que, como consecuencia de su rareza, siempre acaricia y exagera, y, si no, sólo pérdidas diarias. Todo se contabiliza, pero jamás se saca balance. Ahora llega la obligación de sacar balance, es decir la pretensión de matrimonio. Con las grandes sumas con las que se debe contar aquí ocurre como si jamás se hubiera producido la más mínima ganancia y todo constituyera una deuda enorme y única. ¡Y ahora contrae matrimonio sin volverte loco!

Carta al padre

12 de febrero. La figura reservada con la que siempre me encontraba no era la que dice: «no te amo», sino la que dice: «no me puedes amar por más que quieras hacerlo; tú amas, infeliz, al amor que sientes por mí, pero el amor que sientes por mí no te ama a ti». Por consiguiente resulta inexacto decir que he experimentado la palabra «te amo», sólo he experimentado la serenidad paciente que habría debido ser interrumpida por mi «te quiero»; sólo eso he experimentado, si no nada.

Diarios

➤ Amé a una mujer que también me amaba, pero la tuve que abandonar.

¿Por qué?

No lo sé. Era como si estuviera rodeada de un grupo armado, cuyas lanzas apuntaban hacia afuera. Cuando me acerqué entré en su radio de acción, fui herido y tuve que retroceder. He sufrido mucho.

¿La mujer no tenía culpa de nada?

No lo creo, o mejor dicho, lo sé. La comparación anterior no era completa. Yo también estaba rodeado por un círculo de gente armada, cuyas lanzas apuntaban hacia el interior, es decir hacia mí. Cuando intentaba ir hacia la mujer topaba primero con las lanzas de mi gente armada y no podía avanzar. Quizá nunca he llegado hasta el círculo armado de la mujer y si hubiera llegado lo habría hecho ya sangrando y sin conocimiento.

¿Se ha quedado sola la mujer?

No, otro ha podido penetrar hasta ella, fácilmente y sin impedimentos. Yo he mirado, agotado por todos mis esfuerzos, con indiferencia, como si fuese el aire a través del que sus rostros se rozaron en el primer beso.

Fragmentos póstumos

➤ Querido Max: acerca de tu asunto sólo te digo, mientras no tenga tu respuesta, que yo también creo en un liderazgo de la mujer, del mismo modo que tuvo lugar por ejemplo en el pecado original, donde, como quizá en la mayoría de los casos, no le mereció la pena. También tu mujer es en ese sentido una líder al llevarte en cierta manera sobre su propio cuerpo hacia otra; que ella, después de haberte llevado, te contenga, pertenece a una categoría distinta. Sí, quizá te dirija algo más. Tienes razón cuando dices que la profundidad de la vida sexual propiamente dicha sigue siendo inaccesible para mí. Así lo creo yo también. Por eso evito también juzgar esta parte de tu caso o me limito sólo a la afirmación de que ese fuego, que para ti es sagrado, no posee la fuerza necesaria para quemar las resistencias para mí ya inteligibles. No sé por qué hay que interpretar el caso de Dante como tú lo haces. Se trata de un caso diferente al tuyo, al menos como se ha desarrollado hasta ahora: a él se le murió; tú, sin embargo, la dejas morir para ti al sentirte obligado a renunciar a ella. Por lo demás, también renunció Dante, aunque a su manera, y se casó por propia voluntad con otra, lo que no habla en favor de tu interpretación.

A Max Brod

➝ Lamentablemente es cierto, la he descuidado, pero tenía motivos especiales que aquí no vienen al caso. Sería feliz si volviera a mí, aunque empezaría de nuevo a descuidarla. Así es.

El Castillo

➤ —¿Tiene usted una amante? —preguntó transcurrido un momento.

—No —dijo K.

—Oh, ya lo creo —dijo ella.

—Sí, es cierto —dijo K—. Ya ve, la he negado e incluso llevo conmigo una foto suya.

Siguiendo su deseo le enseñó una fotografía de Elsa. Acurrucada en su regazo, estudió la foto. Se trataba de una fotografía instantánea. Elsa había sido captada después de una danza, como las que gustaban bailar en el local de vinos, su falda volaba todavía con los pliegues formados al girar, las manos estaban firmemente colocadas en las caderas y miraba sonriendo hacia el lado con el cuello rígido. En la foto no se podía reconocer a quién dirigía la sonrisa.

—Se ha ceñido bastante el vestido —dijo Leni, y señaló el lugar donde, en su opinión, se podía ver—. No me gusta, es torpe y grosera. Quizá sea con usted amigable y dulce, eso se podría deducir por la foto. Mujeres tan altas y fuertes no saben a menudo otra cosa que ser amigables y dulces. Pero, ¿se podría sacrificar por usted?

—No —dijo K—, ni es dulce ni amigable, ni podría sacrificarse por mí. Tampoco le he exigido hasta ahora ninguna de las dos cosas. Pero ni siquiera yo he contemplado la foto con tanta atención como usted.

—Entonces ella no le importa mucho —dijo Leni—, no es en absoluto su amante.

—Todo lo contrario —dijo K—, retiro mis palabras.

—Aunque ahora fuera su amante —dijo Leni—, no la echaría mucho de menos si la perdiera o si la intercambiara por otra, por ejemplo por mí.

—Cierto —dijo K sonriendo—, eso sería pensable, pero ella posee una gran ventaja respecto a usted: no sabe nada de mi proceso y, aunque supiera algo, no pensaría en ello. No intentaría convencerme para que transigiera.

—Ésa no es ninguna ventaja —dijo Leni—. Si no posee otras ventajas, entonces no pierdo el valor. ¿Tiene algún defecto corporal?

—¿Un defecto corporal? —preguntó K.

—Sí, yo tengo un pequeño defecto, ¿ve?

Separó el dedo anular y el dedo corazón de su mano derecha, entre ambos se extendió una membrana que prácticamente llegaba hasta la articulación superior del dedo más pequeño. K no pudo discernir de inmediato debido a la oscuridad lo que quería mostrarle. Ella le acercó por tanto la mano para que pudiera tocarla.

—Vaya capricho de la naturaleza —dijo K, y añadió después de haber contemplado la mano—: ¡Qué garra tan hermosa!

Leni miraba con una especie de orgullo cómo K, asombrado, separaba y juntaba sus dos dedos una y otra vez hasta que, al final, los besó fugazmente y los soltó.

—¡Oh! —gritó ella de inmediato—. ¡Me ha besado!

Escaló presurosa por su regazo ayudándose de las rodillas y con la boca abierta. K la miraba casi confuso. Ahora que ella estaba tan cerca, K percibió cómo de su cuerpo emanaba un olor amargo y perturbador, como a pimienta. Ella atrajo su cabeza hacia sí, se inclinó sobre él y le mordió y besó en el cuello, le mordió hasta en el pelo. «¡Usted me ha canjeado!», gritaba de vez en cuando, «¡Ve usted, ya me ha canjeado». Entonces deslizó su rodilla y con un pequeño grito cayó prácticamente sobre la alfombra. K la abrazó para sostenerla, pero ella lo atrajo hacia sí.

—Ahora me perteneces —dijo.

El proceso

ÁLBUM

FRANZ KAFKA

El pensador
(dibujo de Kafka)

Kafka
a los cuatro años

Kafka
a los cinco años

A los diez años con sus hermanas Valli y Elli

Kafka en 1906,
Atelier Jacobi

Kafka en 1910,
Atelier Schlosser & Wenisch

Franz Kafka y su hermana Ottla en 1914

Kafka con el doctor Weiss en Marielyst en 1914

Kafka en la Universidad
Alemana de Praga, en 1906

Kafka en Zürau en 1917

Kafka en 1917

Kafka en un sanatorio de Tatranské Matliare, 1921

Kafka en 1922,
frente a la casa de sus
padres en Praga

Kafka, Albert Ehrenstein, Otto Pick y Lise Kaznelson
en el Pratter de Viena

Kafka con su prometida
Felice Bauer, en 1917

Milena Jesenska
El gran amor de Kafka

Kafka en 1920

La tumba de Kafka en Praga

JUDAÍSMO: EL TALMUD Y LA CÁBALA

La cuestión del judaísmo, en concreto la experiencia y conciencia de ser judío en una determinada época y bajo circunstancias definidas, constituye un componente necesario de la existencia de Kafka como escritor. Su posición reconocida de judío occidental, en cierta manera «asimilado», aunque profundamente consciente de su herencia cultural, no fue producto de una decisión fácil, sino de una lucha interna en la que pugnaban, por un lado, el deseo de superar un estado de desarraigo y de olvido de la tradición que había causado la práctica desaparición de una memoria colectiva y, por otro, el sentimiento de incapacidad de revivir o incorporar una nueva cultura nacional judía, como pretendía el movimiento sionista. Kafka es, ciertamente, como afirmó Gerschom Scholem, uno de los grandes poetas del judaísmo. Su obra transporta la herencia judía en el mundo secularizado; un ejemplo claro son las reminiscencias cabalísticas de su obra, que van más allá de un mero trasfondo estético. Pero también hay que decir que Kafka representaba conscientemente a toda una generación de escritores judíos cuyo pensamiento estaba decisivamente determinado por la lengua alemana y la cultura europea. La originalidad de la obra kafkiana es también, sin duda, fruto de esta tensión que Kafka no quiso romper, sino mantener y agudizar para dar testimonio de su propia posición existencial.

➻ Mi nombre en hebreo es Amschel...

Diarios

➻ Yo no he sido conducido a la vida, como Kierkegaard, por la mano, por cierto ya bastante hundida, del cristianismo. Tampoco he podido coger, como los sionistas, el último extremo del huidizo manto de oración judío. Yo soy principio o fin.

Fragmentos póstumos

➻ Poseo una peculiaridad que me diferencia de mis conocidos y, aunque no sea de un modo esencial, sí de manera gradualmente más intensa. Ambos conocemos de sobra ejemplares característicos del judío occidental, yo mismo soy, por lo que sé, el judío más occidental de todos ellos. Eso significa, expresado de una forma exagerada, que no me ha sido regalada ni siquiera una hora de tranquilidad, nada me ha sido regalado, todo debe ser adquirido, no sólo el presente y el futuro, sino también el pasado. Tengo que adquirir algo que quizá todo ser humano ha recibido, ése es probablemente el trabajo más duro. Si la tierra rota hacia la derecha —no lo puedo saber con certeza—, yo tendría que girar hacia la izquierda, para recuperar así el pasado. Pero ahora no poseo las fuerzas suficientes para cumplir estas obligaciones, no puedo llevar el mundo sobre mis hombros cuando apenas soporto el peso de mi chaqueta de invierno.

A Milena

⟶ La literatura alemana también ha vivido de la liberación de los judíos, y con gran esplendor. Ante todo, nunca fue, hasta donde alcanza mi apreciación y por término medio, menos variada de lo que es hoy. Quizá haya perdido en la actualidad en variedad. Que ambas tendencias están relacionadas con el Judaísmo como tal, más concretamente con la relación de los jóvenes judíos con su Judaísmo, con la terrible situación anímica de estas generaciones (...)

A Max Brod

⟶ ¿Qué tengo en común con el Judaísmo? Apenas tengo algo en común conmigo mismo. Debería colocarme tranquilamente en un lugar retirado, satisfecho de poder respirar.

Diarios

⟶ Este impulso tenía algo del que caracteriza al «judío eterno», empujado sin sentido, vagando sin sentido por un mundo absurdo y sucio.

A Milena

➤ En la sinagoga Pinkass fui atraído por el judaísmo con una fuerza incomparable.

Diarios

➤ Transcurrió un tiempo, no podía pensar en otra cosa: ¿un teatro judío en Varsovia y no lo podré ver? Arriesgué todo a una carta y fui al teatro judío.

Experimenté una transformación. Ya desde el comienzo de la obra me sentí de manera muy diferente a como me había sentido en los otros teatros. Ante todo ningún hombre con frac, ninguna dama con «decolleté»[4], ningún polaco, ningún ruso, sólo judíos de todo tipo, vestidos de largo, de corto, niñas y mujeres, vestidas como la clase media. Y se hablaba en la lengua materna en voz alta, sin ceremonias. No llamé la atención con mi largo caftán y no tuve que avergonzarme.

Se representó un drama extraño con canto y danzas en seis actos y diez escenas: *Bal-Tschuwe de Schumor*. No se comenzó tan puntualmente, a las ocho, como en el teatro polaco, sino alrededor de las diez, y terminó después de la medianoche. El amante y el intrigante hablaban alto alemán. Me sorprendió que pudiera entender todo a la primera en un alemán tan esmerado y sin tener idea del idioma. Sólo el cómico y la sirvienta hablaban *yiddish*.

En general me gustó más que la ópera, el teatro dramáti-

---

[4] Escote.

co y la opereta juntos. Pues en primer lugar se trataba de *yiddish,* ciertamente *yiddish*-alemán, pero *yiddish,* un *yiddish* mejor, más bello; y, en segundo lugar, aquí se encontraba todo junto: drama, tragedia, canto, comedia, danza, todo junto, ¡la vida! No pude dormir en toda la noche por la excitación. El corazón me dijo que alguna vez oficiaría en el templo del arte judío, que sería un actor judío.

Al día siguiente, sin embargo, al mediodía, mi padre envió a los niños a la habitación contigua, sólo dijo que nos quedáramos mi madre y yo. Sentí de un modo instintivo que algo se cocinaba contra mí. Mi padre no podía estar sentado, paseaba de un lado a otro de la habitación. Empezó a hablar llevándose la mano a la pequeña barba negra, pero se dirigió a mi madre y no a mí:

—Debes saber que su comportamiento empeora día a día. Ayer se le vio en el teatro judío.

Mi madre juntó las manos aterrorizada; mi padre, muy pálido, siguió recorriendo la habitación. Se me encogió el corazón. Estaba sentado como un condenado y no podía resistir el dolor que sentían mis fieles y piadosos padres. No me puedo acordar de lo que dije en aquel momento, sólo sé que mi padre, pasados unos minutos de silencio opresivo, dirigió hacia mí sus grandes ojos negros y dijo:

—Hijo mío, piensa que eso te llevará lejos, muy lejos.

Y tuvo razón.

Cuadernos en octavo

➤ Löwy: un rabino en el Talmud tenía el principio, en este caso tan grato a Dios, de no aceptar, ni siquiera una vez, un vaso de agua de otra persona. Así ocurrió que el rabino más grande de su época le quiso conocer y le invitó a comer. Rechazar la invitación de un hombre semejante no era posible. El primer rabino se puso en camino, por tanto, bastante triste. Pero como su principio era tan fuerte, una montaña se desplazó entre ambos rabinos.

Diarios

➤ Más que el psicoanálisis me gusta en este caso el conocimiento de que este complejo paterno, del que se nutre algo espiritual, no afecta al padre inocente sino al Judaísmo del padre. La mayoría de los que empezaban a escribir en alemán quiso alejarse del Judaísmo, muchas veces con la vaga aceptación de los padres (esta vaguedad era lo escandaloso), así lo pretendían, pero con una de las patitas de atrás permanecían todavía pegados al Judaísmo del padre mientras una de las patitas de delante no encontraba ningún suelo nuevo en que posarse. La desesperación por ello era su inspiración.

A Max Brod

➤ Reunión sionista. Blumenfeld. Secretario de la organización mundial sionista.

Diarios

❧ Las religiones se pierden como los hombres.

Cuadernos en octavo

❧ Es comprensible que quizá no sean los judíos los que echen a perder el futuro de Alemania, pero el presente de Alemania puede concebirse como echado a perder por los judíos. Desde siempre han impuesto cosas a Alemania a las que se hubiera podido llegar lentamente y según su estilo, pero a las que ahora se ha opuesto porque proceden de extraños. Una ocupación infructuosa y terrible, el antisemitismo y todo lo que va unido a ello, y eso se lo debe Alemania a los judíos.

A Max Brod

❧ 1 de noviembre. Hoy he comenzado a leer feliz y con avidez la *Historia del Judaísmo* de Graetz. Como mis expectativas rebasaban en demasía la lectura, al principio me resultó más ajeno de lo que pensaba. Tuve que detenerme aquí y allá para hacer acopio con tranquilidad de mi Judaísmo. Cuando me acercaba al final me asaltó, sin embargo, la imperfección de los primeros asentaminetos en la nueva tierra conquistada de Canaá y la fiel transmisión de la imperfección de los primeros hombres del pueblo (Josué, los Jueces, Elías).

Diarios

➺ En la sinagoga de Thamühl vive un animal del tamaño y constitución de una marta.

La sinagoga de Thamühl es un edificio bajo, simple y desnudo, construido a finales del siglo anterior. Aunque la sinagoga es pequeña, basta de sobra, pues la comunidad también es pequeña y además se reduce de año en año. Ya ahora le supone un gran esfuerzo a la comunidad reunir el dinero para cubrir los costes de mantenimiento de la sinagoga. Hay algunos que dicen abiertamente que un pequeño cuarto de oración sería suficiente para el servicio divino.

Fragmentos póstumos

➺ Tampoco me quieres decir lo que realmente soy. En el último número del *Neuen Rundschau* se menciona *La metamorfosis,* rechazada con un fundamento razonable y a continuación se dice: «El arte narrativo de Kafka posee algo originario alemán.» En el artículo de Max, por el contrario: «las narraciones de Kafka pertenecen a los documentos más judíos de nuestra época.»

A Felice

➺ Sacado del Talmud: un erudito va en busca de esposa, por lo que se lleva consigo a un «Amhorez»[5], ya que, ensimismado en su erudición, no advertiría lo necesario.

_____

[5] Persona no instruida.

—Los hilos telefónicos y telegráficos alrededor de Varsovia han sido dispuestos, gracias a sobornos, formando un círculo perfecto que hace de la ciudad, en el sentido del Talmud, una zona acotada, en cierta manera un patio, de tal modo que a los más piadosos les es posible moverse el sábado dentro de este círculo y llevar consigo pequeñeces (como pañuelos).

—Las sociedades del «Chassidim»[6], en las que conversan alegremente sobre cuestiones del Talmud. Se interrumpe la conversación o alguien no participa, se resarcen con cánticos. Las melodías se inventan. Si una de ellas sale bien, se llama a los miembros de las familias y se repiten y estudian. Un rabino milagroso, que tenía a menudo alucinaciones, hundió repentinamente su rostro en los brazos, apoyados sobre la mesa, durante una de esas conversaciones y permaneció así tres horas rodeado de un silencio general. Cuando despertó, comenzó a llorar y entonó una nueva y divertida marcha militar. Era la melodía con la que los ángeles de la muerte habían acompañado hasta el Cielo al alma de un rabino milagroso de una distante ciudad rusa, fallecido en ese mismo momento.

—Según la cábala, los piadosos reciben el viernes un alma nueva, sensible, perfecta y celestial que permanece con ellos hasta la noche del sábado.

---

[6] Término surgido en el siglo XVIII para designar a una secta judía de Europa oriental. Se trataba de un movimiento místico y cabalístico. "Chassid" (miembro de la secta) significa literalmente "piadoso".

—El viernes por la noche dos ángeles acompañan a cada piadoso desde el templo a casa. El señor de la casa les saluda de pie en la habitación de los juegos. Permanecen poco tiempo.

Diarios

➴ Ayer se me ocurrió que la razón por la que no he amado a mi madre todo lo que ella merecía radica en que la lengua alemana me lo ha impedido. La madre judía no es una «Mutter», la designación con este vocablo la dota de cierta extrañeza (...). Le damos a una mujer judía el nombre de madre (*mutter*) alemana, pero olvidamos la contradicción que encierra, contradicción que con tanta mayor profundidad penetra en el sentimiento. «Mutter» es para los judíos demasiado alemán, contiene inconscientemente junto al brillo cristiano también su frialdad. La mujer judía denominada «Mutter» no sólo se torna extraña, sino también extranjera. «Mama» sería un mejor nombre, siempre y cuando no se imaginase detrás «Mutter». Creo que sólo los recuerdos del geto mantienen a la familia judía, pues tampoco la palabra «Vater» coincide con el padre judío.

Diarios

➴ La fundamentación de la necesidad de volverse sano es bella pero utópica. Lo que me propones como tarea podría haberlo realizado quizá un ángel sobre la cama de matrimonio de mis padres o, todavía mejor: sobre la cama matrimonial de mi pueblo, presuponiendo que tenga uno.

A Max Brod

➻ A los judíos y, especialmente, a los de Rusia, no parece serles común o característico una vida familiar estricta, pues la vida familiar se encuentra también al fin y al cabo entre los cristianos. Sin embargo, para la vida familiar judía resulta perturbador que la mujer quede excluida de los estudios talmúdicos. Así, cuando el marido quiere conversar con huéspedes acerca de distintos aspectos talmúdicos, que constituyen el centro de gravedad de su vida, las mujeres se retiran por su propia voluntad, cuando no tienen que retirarse obligatoriamente, a la habitación contigua. De ellas es más propio que se reúnan juntas muy a menudo y por cualquier ocasión, ya sea para rezar o para estudiar o para hablar de cosas divinas, la mayoría de las veces para comidas festivas con motivos religiosos, en las que se bebe moderadamente alcohol. Huyen literalmente entre ellas.

Diarios

➻ ¡Pero qué clase de Judaísmo fue el que recibí de ti!

Carta al padre

LA LITERATURA

Kafka albergaba en su interior todo un mundo literario. Leer y escribir configuraban su destino, constituían su razón de ser. No es extraño que insistiera en que todo su ser era literatura. Cuando se analiza su obra, se descubre que es producto de una compleja red de influencias. En cierto sentido se puede decir que Kafka asimila una herencia literaria multiforme, de una variedad asombrosa. El contenido de su biblioteca nos da una idea de esta herencia. Junto a las colecciones de cuentos, sagas y relatos populares, muchos de ellos pertenecientes a la tradición judía, encontramos las corrientes clásicas de Goethe y Schiller, la literatura rusa, personificada en Gogol, Dostoyevski y Tolstoi, la francesa, en Flaubert y Stendhal. Sus lecturas se extendían a las obras de autores nórdicos como Ibsen, Strindberg o Hamsun, también a un cierto tipo de literatura emancipada. Leía a autores contemporáneos como Max Brod, Arthur Schnitzler y Franz Werfel, sin descuidar a los grandes escritores del pasado como Cervantes, Shakespeare o Dante. Se podrían seguir enumerando autores y géneros literarios, pero sólo constataríamos lo que una bibliografía secundaria prácticamente inabarcable, empeñada en diseccionar oración por oración la obra de Kafka, ha puesto de manifiesto: Kafka es un nudo gordiano de la literatura.

➻ Yo soy la novela. Yo soy mis historias.

A Felice Bauer

➻ ... Escribo de un modo diferente al que hablo, hablo de un modo diferente al que debiera pensar y así sucesivamente hasta la más profunda oscuridad.

A Ottla y la familia

➻ Todo lo que no sea literatura me aburre. Odio este sentimiento porque me entorpece o me detiene, aunque sólo sea de un modo hipotético. Para la vida familiar me falta todo sentido, excepto, en el mejor de los casos, el de observador. No poseo ningún sentimiento de parentesco, en las visitas sólo percibo una maldad expresamente dirigida contra mí.

Diarios

➻ En mí se puede reconocer muy bien una concentración en la escritura. Cuando mi organismo se dio cuenta con claridad de que escribir constituía la dirección más productiva de mi ser, todo se concentró en este aspecto, dejando vacías el resto de las capacidades dirigidas ante todo a los placeres del sexo, de la comida, de la bebida, de la reflexión filosófica, de la música. En todas estas direcciones quedé demacrado.

Diarios

➤ No poseo ningún interés literario. Yo mismo estoy compuesto de literatura, no soy otra cosa y no puedo ser otra cosa.

A Felice

➤ ... siento, cuando no escribo, cómo soy expulsado de la vida por una mano inflexible.

A Felice

➤ 30 de noviembre. Tres días sin escribir nada.

Diarios

➤ Cuando no escribo, sobre todo desde que en los últimos años se ha convertido en una ley, obedece a motivos estratégicos. No confío ni en las palabras ni en las cartas, tampoco en mis palabras ni en mis cartas. Quiero compartir mi corazón con seres humanos y no con fantasmas que juegan con las palabras y leen las cartas con la lengua colgando.

A Max Brod

•• [los espectros] penetraban por todas las puertas, echando abajo las que estaban cerradas. Eran espectros enormes, huesudos, anónimos en la multitud; con uno se podía luchar, pero no con todos los que me rodeaban. Si escribía, eran buenos espíritus ruidosos; si no escribía, eran demonios.

A Felice

•• Escribir como una forma de oración.

Fragmentos póstumos

•• 19 de febrero de 1917. Hoy he leído *Hermann y Dorothea,* algo de las *Memorias* de Richter (...) y finalmente una escena del *Griselda* de Hauptmann. Para el instante de la hora siguiente soy un hombre nuevo. Todas las perspectivas, es cierto, nebulosas, como siempre, pero imágenes nebulosas transformadas. En las botas pesadas que por primera vez me he puesto hoy (estaban destinadas originariamente para el servicio militar) se planta un hombre nuevo.

Cuadernos en octavo

•• Querida Felice: no me conoces, no conoces la parte mala de mi ser, y también esta parte mala pertenece a ese núcleo al que puedes denominar literatura o como quieras (...). Apenas son hechos los que me paralizan, es un miedo, un miedo a ser feliz, el placer y la orden de atormentarme por una meta superior. Que tú, a la que más amo, tengas que ser arrollada por la misma rueda de coche destinada sólo para mí, eso es ciertamente horrible.

A Felice

➙ He meditado a menudo sobre ello, últimamente después de leer el artículo sobre Palestrina de Mann en el *Neuen Rundschau*. Mann pertenece a aquellos escritores por los que siento avidez de sus escritos. También este artículo constituye un maravilloso manjar, que, sin embargo, y debido a la multitud de los «Salus schen»[7] que nadan en él, mejor es admirarlo que comerlo.

A Max Brod

➙ Quiero escribir con un continuo temblor en la frente. Me siento en mi habitación, en el cuartel general del ruido de la casa. Oigo el golpear de todas las puertas y su ruido sólo amortigua el de los pasos de quienes las atraviesan, oigo hasta el cierre brusco de la puerta del horno en la cocina. Padre abre de par en par la puerta de mi cuarto y atraviesa la estancia arrastrando la bata, en la habitación contigua raspan las cenizas de la calefacción, Valli pregunta a través del recibidor, como gritando en una callejuela de París hacia lo indeterminado, si el sombrero de padre ya

---

[7] Referencia al poeta neorromántico Hugo Salus.

está limpio; un borboteo, que me parece conocido, eleva el alarido de una voz que responde. Llaman al timbre de la puerta y suena como si el ruido procediera de una garganta acatarrada, a continuación la puerta se abre con el cantar de una voz femenina y se cierra dando un portazo sordo y varonil, que suena despiadado. Padre se ha ido, ahora comienza el ruido más suave, disperso y desesperanzado, encabezado por el canto de los dos canarios. Ya había pensado antes en ello, pero al escuchar a los canarios se me ocurre de nuevo si no podría abrir la puerta un pequeño resquicio, arrastrarme sinuoso como una serpiente hasta la habitación contigua y, así, desde el suelo, suplicar silencio a mi hermana y a su institutriz.

Diarios

➳ Estimado Sr. Meyer:
Por el tiempo transcurrido desde su amable postal puede suponer lo difícil que es mi situación. Sin embargo resulta un acontecimiento único y grande en estos tiempos poder elegir libros en abundancia.

Se trataría, por consiguiente, de los libros siguientes (aunque hago la restricción de que tratándose de tomos caros, es decir especialmente los «libros de horas», me conformaría con ejemplares encuadernados en cartoné):

Hölderlin	Poemas
Hölty	Poemas
Eichendorff	Poemas
Bachhofen	Grabados japoneses
Fischer	Paisaje chino
Perzynski	Dioses chinos
Simmel	Rembrandt
Gauguin	Antes y después
Chamisso	Schlemihl
Bürger	Münchhausen
Un tomo	de Hamsun
Kafka	I «El fogonero»
1 o 2	Consideración
	Metamorfosis
	Médico rural
	Colonia penitenciaria

A la editorial Kurt Wolff

❧ Pero mi modo de considerar las cosas recibió ayer un sólido sustento cuando durante el viaje leí el tomito de Reclam *Storm: Recuerdos.* Una visita a Mörike. Este par de buenos alemanes se sientan en paz y buena compañía en Stuttgart y conversan sobre literatura alemana. Mörike lee *Mozart y su viaje a Praga* (Hartlaub, amigo de Mörike, que ya conoce muy bien la novela, «siguió la lectura con un entusiasmo devoto, que en algunos instantes apenas logró dominar. Cuando se produjo una pausa, me gritó: Pero se lo suplico, sólo para después continuar». Es el año 1855, ya son hombres mayores, Hartlaub es cura), luego hablan también sobre Heine. Sobre Heine ya se dijo antes en los *Recuerdos* que para Storm las puertas de la literatura alemana fueron reventadas por el *Fausto* de Goethe y los *Lieder* de Heine, ambos libros mágicos. También Heine posee para Mörike una gran importancia, pues entre los pocos manuscritos, muy preciados, que Mörike tiene en su poder y que muestra a Storm, se cuenta un poema muy corregido de Heine.

A Max Brod

➥ Entre tanto, después de haber sido azotado por momentos de demencia, he comenzado a escribir y esta actividad se ha convertido para mí, de la manera más cruel (de una crueldad inaudita, de ello no hablo) para todo el que me rodea, en lo más importante del mundo, casi como para el loco lo es su demencia (si la perdiera «erraría su sentido») o para una mujer su embarazo. Esto no tiene nada que ver, como lo repito aquí, con el valor de lo escrito, el valor lo reconozco con precisión extrema, pero también el valor que tiene para mí... Por eso mantengo la actividad de escribir con el temblor de la angustia ante toda molestia, y no sólo la actividad de escribir, sino también la soledad que por esencia le pertenece. Y si ayer dije que usted no debería venir el domingo por la noche, sino el lunes, y usted preguntó dos veces: «¿entonces no por la noche?», y yo al menos tuve que responder a la segunda pregunta: «descanse por una vez», la respuesta no era más que una mentira, pues lo que realmente opinaba era que quería mi soledad.

A Robert Klopstock

➻ 1 de marzo. *Ricardo III.* Desvanecimiento.

Diarios

➻ Un hombre que no tiene ningún Diario se encuentra en una posición falsa respecto a los Diarios. Si éste por ejemplo lee en el Diario de Goethe que el poeta alemán permaneció el 11 de enero de 1797 todo el día en casa «ocupado con distintas disposiciones» a este hombre le parece que él mismo nunca ha hecho menos.

Diarios

➻ Goethe retiene probablemente el desarrollo de la lengua alemana con el poder de sus obras. Aunque la prosa, durante el tiempo transcurrido, se ha alejado muy a menudo de él, finalmente, como acontece en el presente, ha regresado a Goethe con un anhelo renovado y se ha apropiado de giros antiguos que, aunque presentes en su obra, no guardan relación con él, para, así, alegrarse por la visión completa de su dependencia ilimitada.

Diarios

➡ Don Quijote tuvo que emigrar, toda España se reía de él, su vida era allí imposible. Viajó por el sur de Francia, donde trabó amistad aquí y allá con gente amable, luego cruzó, en pleno invierno y con mucho esfuerzo y privaciones, los Alpes. A continuación atravesó la planicie del norte de Italia, donde, sin embargo, no se sintió a gusto. Finalmente llegó a Milán.

Fragmentos póstumos

➡ La desgracia de Don Quijote no es su fantasía, sino Sancho Panza.

Cuadernos en octavo

➡ Sancho Panza, de lo que además nunca se ha enorgullecido, consiguió a lo largo de los años, con la ayuda nocturna de una gran cantidad de novelas de caballería y de bandidos, desviar de tal manera a su demonio, al que llamó posteriormente Don Quijote, que éste, sin vacilar, emprendió las acciones más absurdas, que por falta de un objeto predeterminado, que debería haber sido Sancho Panza, no dañaron a nadie. Sancho Panza, un hombre libre, siguió por su propia voluntad, quizá por un cierto sentido de la responsabilidad, a Don Quijote en sus salidas y sostuvo una gran conversación, bastante útil, hasta su final.

La verdad sobre Sancho Panza, en: *Cuadernos en octavo*

◆ Uno de los hechos más importantes de Don Quijote, más llamativo que la lucha con los molinos, es: el suicidio. El muerto Don Quijote quiere matar al muerto Don Quijote; para matar necesita, sin embargo, un lugar. Éste es el que busca con su espada de un modo tan incesante como infructuoso. Con esta ocupación ruedan los dos muertos a través de los tiempos como unidos indisoluble y formalmente en una voltereta llena de vida.

Cuadernos en octavo

◆ En los diarios de Flaubert leo esta hermosa anécdota: un día visitó Chateaubriand con algunos amigos el lago de Gaube (un lago de montaña aislado en los Pirineos); todos se sentaban en el mismo banco durante la comida, donde nosotros (Flaubert) hemos desayunado. La belleza del lago los dejó a todos extasiados. «Quisiera vivir siempre aquí», dijo Chateaubriand. «Oh, se aburriría mortalmente», replicó una de las damas. «Qué quiere decir con eso, yo me aburro siempre», contestó sonriendo Chateaubriand. No es lo ingenioso de la historia lo que me proporciona placer, pues no es especialmente extraordinaria, sino la alegría, la franca felicidad mayestática del hombre.

A Robert Klopstock

◆ 4 de mayo. Mejor estado de salud, porque he leído a Strindberg (*Discordia*). No le leo por leerle, sino para yacer sobre su pecho. Él me sostiene sobre su brazo izquierdo como si fuera un niño. Permanezco allí sentado como sobre una estatua. Hasta diez veces he corrido el peligro de resbalarme, pero en el undécimo intento me senté con fuerza, ahora tengo seguridad y una gran panorámica.

Diarios

➻ El monstruoso Strindberg. Esa furia, esas páginas ganadas a fuerza de puños.

Diarios

➻ Quizá sea posible, no lo sé, que comience a escribir un hombre que domine el caos. Serían libros sagrados. O que ame, eso será amor, no miedo del caos (…). El poeta sólo es posible en el mundo ordenado.

A Max Brod)

➻ Acabo de leer el pasaje de Dostoyevski que tanto me recuerda a mi ser desgraciado.

Diarios

➻ Los estudiantes querían llevar detrás del ataúd de Dostoyevski sus cadenas. Murió en un barrio de trabajadores, en el cuarto piso de una casa alquilada.

Diarios

∞ 20 de diciembre. La objeción de Max contra Dosto-yevski: que hace aparecer a demasiados enfermos mentales. Completamente incierto. No son enfermos mentales. La expresión de la enfermedad no es más que un medio de caracterización y, además, un medio muy tenue y fecundo. Se debe repetir, por ejemplo, a una persona con la mayor obstinación que es simple e idiota y, si porta en su interior un núcleo «a la Dostoyevski», será incitada a un rendimiento superior. Sus caracterizaciones a este respecto poseen a menudo el significado de insultos entre amigos. Si ellos se llaman «tonto», no quieren decir que el otro sea realmente tonto y así degradar su amistad, sino que la mayoría de las veces se trata, cuando no de una simple broma, aunque también en este caso, de una infinita mezcla de intenciones. Así, por ejemplo, el padre de los Karamazov no es ningún loco, sino un hombre muy listo, casi al mismo nivel que Iván, aunque malvado, pero en todo caso mucho más astuto que el primo, tan indiscutible para el narrador, o el sobrino (el propietario), que se siente tan superior a él.

Diarios

∞ Para su nueva biblioteca casera le recomiendo, querida señorita Sophie, la novela *El día de la venganza* (*Der Tag der Vergeltung*) de A. K. Green, que hoy me ha leído un hombre en el vagón. ¿No cree que tiene un título muy significativo? El «día» («Tag») es un asta, el primer «el» (Der) es su soporte, abajo, y el segundo, la cuerda de sujeción arriba. La «venganza» («Vergeltung») es una bandera que, aunque no sea negra por completo, sí es bastante oscura, y cuyo combarse entre la «e» y la «u» está provocado por un viento fresco (especialmente la «ng» lo debilita). Así me veo ocupado durante el viaje, cansado como estoy, en cosas que le podrían ser útiles, y estaría naturalmente muy orgulloso si en su próxima visita tuviera ya el día de la venganza consigo.

A Sophie Brod

➥ Gogol, Hafis, Li-tai-pe, quizá una elección casual (los dos últimos evidentemente en las traducciones de Bethge o Klabund, que no son demasiado buenas. De poemas chinos existe un pequeño libro de traducciones extraordinario de Heilmann, pero creo que está agotado y todavía no ha salido de nuevo a la venta. Pertenece a la colección «la cáscara de fruta», editorial Piper, se lo presté una vez a alguien y no me lo devolvió) (...). Si alguna vez tiene tiempo para leer tome el libro de Lily Braun –se encuentra en cualquier biblioteca–, *Memorias de una socialista*, dos tomos bastante gruesos, pero que usted podrá leer de corrido. A su edad, creo, también dependía de sí misma y padeció mucho debido a la moral de su clase (semejante moral es en todo caso mendaz, a partir de ahí comienza la oscuridad de la conciencia), pero logró abrirse paso luchando como un ángel belicoso.

A M.E.

➤ El *Copperfield* de Dickens (*El fogonero* no es más que una completa imitación de Dickens, en mayor grado la novela planeada). La historia de los baúles, de los afortunados y de los encantadores, los trabajos inferiores, la amada en el campo, las casas sucias, entre otras cosas, pero sobre todo el método. Mi intención era, como compruebo ahora, escribir una novela de Dickens, enriquecida con luces más intensas, tomadas de la época, y con las luces débiles recogidas de mí mismo. La riqueza de Dickens y su exuberancia poderosa y sin escrúpulos, pero como consecuencia de ello fragmentos de espantosa impotencia, donde, agotado, confunde indistintamente todo lo logrado. Bárbara la impresión del todo insensato, pura barbarie que yo he evitado gracias a mi debilidad y aleccionado por mi «epigonismo».

Diarios

➤ Pero escribiré a pesar de todo, categóricamente; es mi lucha por la conservación de mi existencia.

Diarios

EL PODER

*Kafka es el autor de toda una microfísica del poder. La existen-
cia humana se desenvuelve en su mundo como en un entrama-
do de relaciones de poder que alcanza todas las dimensiones en
las que el ser humano despliega su actividad. La familia, el
amor, el trabajo, el ocio, no hay un palmo de terreno en el que el
poder no esté presente, determinando los vínculos con la realidad. Sus expresiones son múltiples: el poder puede manifestarse
de un modo visible, por ejemplo la policía, el ejército, la judica-
tura, la burocracia, pero también de un modo invisible, a través de leyes no escritas, procesos fantasmales, sentimientos familiares. Esta ubicuidad del poder se asemeja a una tela de araña
que condiciona el comportamiento del ser humano y le obliga a
adoptar una conducta consecuente. La existencia se torna, por
consiguiente, en un vagabundeo por el laberinto del poder, al
mismo tiempo huida y adaptación al entorno. Como el poder
es, además, absoluto en su esencia, aunque contradictorio en su
estrategia, el personaje kafkiano intenta sobrevivir en un mundo regido por la inseguridad, la indecisión, la impotencia y el
aislamiento. El universo del poder engendra al mundo del miedo, al mundo por antonomasia. Sólo la muerte y la fe pueden
contrarrestar en algún momento esta realidad desconcertante.*

A. ¡Sé sincero! ¿Cuándo podrás sentarte otra vez como hoy, frente a una cerveza, con alguien que te escucha? ¡Sé sincero! ¿En qué consiste tu poder?

B. ¿Tengo acaso poder? ¿En qué tipo de poder estás pensando?

A. Me quieres desviar del tema, tú, alma insincera. Quizá tu poder consiste precisamente en tu insinceridad.

B. ¡Mi poder! Porque estoy aquí sentado, en esta pequeña fonda, y he encontrado a un antiguo compañero de colegio que me acompaña, por eso ya soy poderoso.

A. Entonces lo enfocaré de otra manera. ¿Te consideras poderoso? Pero ahora responde con sinceridad, si no me levanto y me voy a casa. ¿Te consideras poderoso?

B. Sí, me considero poderoso.

A. Bien, ya ves.

B. Pero ése es un asunto privado. Nadie ve una huella de ese poder, ni un grano, ni siquiera yo.

A. Pero te consideras poderoso. ¿Por qué te consideras entonces poderoso?

B. No es del todo correcto decir: «me considero poderoso.» Eso sería soberbia. Tal y como estoy aquí sentado, viejo, sucio y abandonado al vicio, no me considero poderoso. El poder en el que creo no es ejercido por mí, sino por otros y estos otros se someten a mí. Este hecho, naturalmente, me avergüenza mucho y no hace en absoluto que me sienta orgulloso. O soy un sirviente, al que grandes señores han hecho su señor por capricho, entonces estaría todavía bien, entonces todo sería apariencia, o he sido realmente destinado a ser su señor; qué podría hacer yo en ese caso, un pobre viejo desamparado. Soy incapaz de llevar el vaso sin temblar desde la mesa hasta mis labios y ahora debería regir las tormentas o el océano.

A. Ya ves lo poderoso que eres y lo querías callar. Pero se te conoce. Aunque siempre te sientas solo en una esquina, todos los contertulios te conocen.

B. Sí, bien, los contertulios saben mucho. Yo sólo oigo fragmentos de sus conversaciones, pero lo que oigo constituye toda mi información y confianza.

A. ¿Cómo? Después de lo que escuchas aquí, ¿no gobiernas acaso?

B. No, seguro que no. ¿Perteneces por casualidad a los que creen que yo gobierno?

A. Lo acabas de decir.

B. ¿He podido decir algo semejante? No, yo sólo dije que me considero poderoso, pero que no ejerzo ese poder. No lo puedo ejercer, pues aunque mis ayudantes están aquí, no ocupan sus puestos y nunca los ocuparán. Son negligentes, en todos los lugares a los que no pertenecen andan vagando por ahí, desde todas partes dirigen sus ojos hacia mí, yo lo permito todo y asiento con la cabeza. ¿No tengo derecho, por tanto, a decir que no soy poderoso? Y no me considero insincero.

Fragmentos póstumos

[145]

— —¿Croquis realizados por el mismo Comandante? —preguntó el viajero—. ¿Ha reunido todo en su persona? ¿Era soldado, juez, constructor, químico, dibujante?

—Sí, señor —dijo el oficial afirmando con la cabeza y con mirada fija y pensativa.

Miró sus manos de un modo inquisitivo, no le parecían lo suficientemente limpias como para tocar los dibujos. Fue, por consiguiente, al cubo y se las lavó de nuevo. Luego sacó una pequeña cartera de piel y dijo:

—Nuestra sentencia no suena severa. Al condenado se le grabará en el cuerpo con agujas ovaladas la prohibición que ha quebrantado. A este condenado, por ejemplo —el oficial señaló al hombre— , se le grabará en el cuerpo: ¡honra a tus superiores!

El viajero miró fugazmente al hombre. Había mantenido hundida la cabeza cuando el oficial le había señalado y parecía prestar toda su atención para poder captar algo de lo que se decía. Pero los movimientos de sus labios hinchados y apretados mostraban claramente que no podía entender nada. El viajero podría haber preguntado algo distinto, pero sólo preguntó ante el aspecto del hombre:

—¿Conoce su sentencia?

—No —dijo el oficial de nuevo.

Dejó de hablar un instante, como si reclamase del viajero una fundamentación explícita de la pregunta, y dijo a continuación:

—Sería inútil pronunciársela. La conocerá inscrita en su cuerpo.

El viajero quería callarse ya, pero entonces sintió cómo el condenado dirigía su mirada hacia él. Parecía preguntar si podía sancionar el procedimiento descrito. El viajero, que ya se había echado hacía atrás, se inclinó de nuevo y preguntó:

—Pero sí sabrá que ha sido condenado, ¿no?

— Tampoco —dijo el oficial y sonrió al viajero como si esperase de él alguna revelación extraordinaria.

—No —dijo el viajero y pasó su mano por la frente—. ¿Entonces no sabe tampoco cómo fue tomada su defensa?

—No ha tenido la oportunidad de defenderse —dijo el oficial, y miró hacia un lado como si hablara consigo mismo y no quisiera avergonzar al viajero con la explicación de un asunto que para él resultaba evidente.

En la colonia penitenciaria

•• Llegaron dos soldados y me prendieron. Me defendí, pero me agarraron con firmeza. Me llevaron ante su señor, un oficial. ¡Qué uniforme tan multicolor! «Qué quiere de mí, yo soy un civil», dije. El oficial sonrió y dijo: «Tú eres un civil, pero eso no nos impide detenerte. Los militares tienen poder sobre todo».

Fragmentos póstumos

•• Todo, incluso lo más usual, como el ser servido en un restaurante, tenía que forzarlo con ayuda de la policía. Eso quita toda comodidad a la vida.

Fragmentos póstumos

❧ Un hombre puso en duda la descendencia divina del Emperador. Afirmaba que el Emperador era con todo derecho nuestro señor superior; no dudaba de su misión divina, que era manifiesta. Sólo ponía en duda la descendencia divina. Eso no causó mucha sensación. Cuando el oleaje arroja una gota de agua a la tierra, no afecta al eterno ritmo de las olas del mar, este ritmo se halla más bien condicionado por esa gota de agua.

Fragmentos póstumos

❧ Nos avergonzamos de decir cómo domina el coronel imperial nuestra pequeña ciudad en las montañas. Los escasos soldados que tiene serían rápidamente desarmados si quisiéramos. Vendría ayuda, si la llamara, ¿pero cómo podría hacerlo? Podría tardar días, semanas. Depende, por consiguiente, completamente de nuestra obediencia, pero no la busca ni imponiendo una tiranía, ni granjeándose nuestra inclinación con afectuosidad. ¿Por qué toleramos entonces su odioso gobierno? No hay duda, por su mirada. Cuando se entra en su despacho –hace un siglo era la sala de consejos de nuestros antepasados– se le encuentra sentado ante la mesa, uniformado y con la pluma en la mano. No le gustan las formalidades ni hacer comedia, es decir no sigue escribiendo y hace esperar al visitante, sino que interrumpe inmediatamente el trabajo y se reclina, aunque sigue manteniendo la pluma en la mano. Entonces contempla, con la mano izquierda en el bolsillo del pantalón, al visitante. El peticionario tiene la impresión de que el Coronel ve algo más que sólo a él, el desconocido surgido por un momento de la multitud, pues, por qué habría de mirarle el Coronel tan fijamente, en silencio y por tan largo tiempo. No se trataba tampoco de una mirada inquisitiva o penetrante, como quizá se puede dirigir a una única persona, sino más bien de una mirada negligente, vaga, aunque, eso sí, constante, una mirada con la que se podría observar los movimientos de una masa de hombres en la lejanía. Y esta larga mirada está acompañada ininterrumpidamente por una sonrisa indeterminada, que parece mostrar ya ironía ya un recuerdo soñado.

Fragmentos póstumos

➺ –¿Bien, entonces? –dijo el señor y me miró sonriendo mientras jugaba con su corbata.

Pude soportar su mirada, luego me hice a un lado por voluntad propia y miré la superficie de la mesa forzando cada vez más la vista, como si se abriera ante mí una gruta profunda. Bajé la mirada y dije:

–Usted me quiere examinar, pero no ha mostrado ninguna autorización para hacerlo.

Entonces soltó una carcajada.

–Mi autorización es mi existencia, mi autorización es mi «estar-aquí-sentado», mi autorización es mi pregunta, mi autorización es que usted me comprende.

–Bien –dije yo–, aceptemos que sea así.

–Entonces le examinaré –dijo–. Ahora le suplico que retroceda un poco su sillón, me está dejando un espacio muy estrecho. También le pido que no mire hacia abajo, sino directamente a mis ojos. Quizá sea para mí más importante verle que escuchar sus respuestas.

Una vez cumplidas sus indicaciones, comenzó:

–¿Quién soy yo?

–Mi examinador –respondí.

–Cierto –dijo él.

–¿Qué soy además?

–Mi tío –respondí.

–Su tío –exclamó–, qué respuesta tan absurda.

–Mi tío –dije corroborándolo–. «Nada más».

Fragmentos póstumos

➤ –También su padre es poderoso.

– ¡Vete! –dijo K–. Tú consideras poderosos a todos, ¿también a mí?

–A ti –dijo con timidez, aunque con seriedad–, no te considero poderoso.

–Parece que observas con precisión –dijo K–. Dicho en confianza, no soy realmente lo que se dice poderoso. Y, por consiguiente, no tengo menos respeto ante los poderosos del que tú puedas tener, aunque no soy tan sincero y no lo quiero reconocer siempre.

El castillo

•• Desde hace siglos no ha tenido lugar en nuestra pequeña ciudad ninguna transformación política que surgiera de los mismos ciudadanos. En la capital se han ido sucediendo los que ostentan el poder, incluso dinastías se han extinguido o han sido destituidas, iniciándose otras nuevas. Hasta la capital fue destruida el siglo pasado y fundada una nueva lejos de la antigua que, más tarde, también fue destruida, por lo que se reconstruyó la antigua. Pero todo eso no ha influido en nuestra pequeña ciudad. Nuestro funcionariado estuvo siempre en su puesto. Los altos funcionarios venían de la capital, los medios al menos de otra parte, sólo los más inferiores procedían de entre nosotros. El funcionario superior es el Coronel Recaudador de Impuestos. Posee el rango de un coronel, por eso se le llama así. Hoy es un hombre anciano, yo le conozco desde hace años, y ya desde mi niñez era coronel. Hizo al principio una carrera muy rápida, luego pareció estancarse. Pero su rango es suficiente para nuestra pequeña ciudad, en realidad seríamos incapaces de acoger a un rango superior. Cada vez que intento pensar en él, le veo sentado en la terraza de su casa, que da a la plaza del mercado, allí fuma su pipa reclinado. Sobre él ondea la bandera del Reich en el tejado. En uno de los lados de la terraza, que es tan grande que a veces tienen lugar allí pequeños ejercicios militares, está la ropa colgada para que se seque. Sus nietos, con bonitos vestidos de seda, juegan a su alrededor. No pueden bajar a la plaza del mercado, pues los demás niños son indignos de ellos. Sin embargo, la plaza les llama la atención e introducen las cabezas entre los barrotes de la barandilla. Cuando los otros niños se pelean, se pelean también ellos desde arriba.

Este coronel domina la ciudad. Creo que todavía no ha mostrado ni siquiera un documento que le autorice para ello. No tiene un documento semejante. Quizá se trata realmente de un Coronel Recaudador de Impuestos. Pero, ¿eso es todo? ¿Le autoriza eso a mandar en todas las secciones de la administración? Su cargo es de mucho peso para el Estado, pero para los ciudadanos no es lo más importante. Entre nosotros reina la impresión de que la opinión de la gente es la siguiente: «Pues, en verdad, no se ha apropiado del poder, y tampoco se trata de un tirano.» Desde hace mucho tiempo se ha desarrollado todo de tal modo que el Coronel Recaudador de Impuestos es el primer funcionario, y el coronel se acomoda a esta tradición ni más ni menos que nosotros.

Fragmentos póstumos

LA LIBERTAD

El mundo es una enorme celda abierta en la que el ser humano cumple su condena. La conciencia de esta situación constituye el marco de muchos de los relatos de Kafka, así como de sus anotaciones más personales. Supone toda una actitud ante la existencia, desesperada y sin consuelo. El mundo se torna así en un paisaje carcelario de Piranesi, en el que el hombre intenta liberarse de las múltiples prisiones que coartan su vida, sin llegar a entender que la prisión es única, cósmica, y la libertad propiamente dicha sólo se alcanza, si acaso, a través de la muerte. Este pensamiento paradójico ofrece al ser humano una opción exclusiva: la elección de su cautividad; en este sentido es libre. La parábola de la cárcel juega en Kafka el papel de una metáfora ontológica.

➤ Ya no tengo que regresar, la celda ha estallado. Me muevo, siento mi cuerpo.

Fragmentos póstumos

➤ Se habría conformado con una cárcel. Terminar como un preso, ésa era una meta en la vida. Pero era una jaula. El

[153]

ruido del mundo penetraba señorial e indiferente, como en su casa, a través de las rejas. El preso estaba realmente libre, podía participar en todo, nada de lo que ocurría fuera se le escapaba. Podría haber abandonado la jaula, las barras mantenían entre sí una distancia de un metro. Ni siquiera estaba preso.

Diarios

⚫ Había dos hombres sentados a una mesa tosca. Una llameante lámpara de petróleo colgaba sobre ellos. Era en un lugar muy lejano a mi patria.

–Estoy en vuestras manos –dije.

–No –dijo uno de los hombres, que se mantenía muy erguido y se había mesado con la mano izquierda su barba–, eres libre y por eso estás perdido.

–¿Entonces puedo irme? –pregunté.

– Sí –dijo el hombre y murmuró algo a su vecino (...)

Fragmentos póstumos

⚫ No era la celda de una cárcel, pues la cuarta pared estaba por completo vacía. La idea, sin embargo, de que esta pared fuese o pudiera ser tapada con un muro era horrible, ya que entonces me encontraría, en virtud de la cantidad de espacio existente, un metro de profundidad y una altura escasamente superior a la mía, en un auténtico sarcófago pétreo. La pared permanecía abierta sólo provisionalmente.

Podía extender mis manos con libertad y, cuando me agarraba de una abrazadera de hierro incrustada en el techo, podía también sacar la cabeza, aunque con precaución, pues no sabía a qué altura se encontraba la celda del suelo. Parecía encontrarse muy alta, al menos cuando miraba hacia abajo sólo podía ver un humo gris, así como cuando miraba a la izquierda y a la derecha. Sólo cuando dirigía mi mirada a las alturas parecía distinguir cierta claridad. Era una vista como la que se tiene en un día nublado desde una torre (...)

Fragmentos póstumos

➥ Mi celda – mi fortaleza.

Fragmentos póstumos

➥ Tu voluntad es libre quiere decir: era libre, cuando eligió el desierto, es libre porque puede elegir el camino para atravesarlo, es libre porque puede escoger el modo de andar, pero no es libre, ya que tienes que ir a través del desierto, no es libre, ya que todo camino toca cada palmo de desierto de un modo laberíntico.

Cuadernos en octavo

➥ Eran principalmente dos señores, el juez, un hombre joven y vivaz, y su ayudante, que era llamado Aßmann. Me invitaron a entrar en una habitación rústica. Me senté lenta-

[155]

mente en el corredor doblando la cabeza y ajustando los tirantes, bajo la penetrante mirada de los señores. Todavía creía que bastaría una palabra para liberarme, incluso con honor, como habitante de la ciudad, de ese pueblo de labriegos. Pero cuando traspasé el umbral de la habitación, el juez, que se había adelantado y me esperaba, dijo: «Este hombre me da pena.» Era evidente que no se refería a mi estado actual, sino a lo que me había ocurrido. La habitación se parecía más a una cárcel que a un cuarto de labradores. Grandes baldosas, una pared oscura y por completo desnuda, un anillo de hierro circundado por un muro y en el centro algo entre catre y mesa de operaciones.

¿Podía oler otro aire que no fuera el de una prisión? Ésa era la gran cuestión o, mejor, lo hubiera sido, si hubiera tenido todavía la esperanza de ser excarcelado.

Fragmentos póstumos

↬ K vio cómo se quedaba atrás, por una parte se alejaba el trineo, por la otra, en el camino por el que K había venido, el joven señor, ambos, es cierto, muy despacio, como si quisieran mostrar a K que todavía estaba en su poder volver a alcanzarlos.

Quizá tenía ese poder, pero no lo hubiera podido utilizar. Alcanzar al trineo significaba expulsarse a sí mismo. Así que permaneció tranquilo, como si fuese el único que afirmaba su posición, pero era una victoria que no suponía ninguna alegría. Miraba alternativamente al señor y al carruaje. El señor ya había alcanzado la puerta por la que K había entrado por primera vez al patio; miró una vez más hacia atrás. K creyó ver cómo meneaba la cabeza ante tanta obstinación, luego giró con un movimiento corto, decidido, definitivo y entró en el pasillo, por el que desapareció con cierta palidez. El cochero permaneció largo tiempo en el patio, tenía mucho trabajo con el trineo.

A K le pareció esta ocupación silenciosa, sin ni siquiera una mirada lateral, un reproche mucho más duro que el comportamiento del señor. Y cuando, después de finalizar el trabajo en el establo, el cochero atravesó el patio con su paso lento y oscilante, cerró la gran puerta, regresó, todo lentamente, concentrado exclusivamente en sus propias huellas en la nieve, se encerró en el establo y apagó todas las luces eléctricas –¿A quién tendrían que haber iluminado?– y sólo quedó algo de claridad encima del resquicio, en el depósito de madera, fijando un poco la mirada errática; entonces le pareció a K como si se hubiera roto toda conexión con él y como si ahora fuese más libre que nunca y pudiera esperar en aquel lugar, que además estaba sujeto a una prohibición, tanto tiempo como quisiera. Le pareció que había ganado esta libertad luchando como ningún otro podría haberlo hecho y que nadie le podía tocar o expulsar, ni siquiera hablarle. Pero este convencimiento era como mínimo tan fuerte como el de que al mismo tiempo nada había más absurdo, nada más desesperado que esa libertad, esa espera, esa invulnerabilidad.

El castillo

➻ Ya he sido castigado lo suficiente por todo. Incluso mi posición en la familia es castigo suficiente. He sufrido tanto que no podré recuperarme jamás (mi sueño, mi memoria, mi fuerza mental, mi resistencia contra las más mínimas preocupaciones se han debilitado de un modo irremediable. Es extraño que se trate de las mismas secuelas que dejan las largas condenas de cárcel.

Diarios

➻ Tengo miedo de que no comprendan correctamente lo que quiero decir con «salida». Empleo la palabra en su sentido más acostumbrado y completo. No digo intencionadamente «libertad». No hago referencia a ese gran sentimiento de libertad absoluta. Como simio quizá lo conocía y he conocido seres humanos que lo anhelan. Pero por lo que a mí concierne, no he reclamado la libertad ni antaño ni hoy. Además, los seres humanos se estafan con la libertad demasiado a menudo. Y así como la libertad se cuenta entre los sentimientos más nobles, del mismo modo también el desengaño correspondiente pertenece a los más nobles. A menudo he visto en las «Varietés», antes de mi aparición en escena, a alguna pareja de artistas arriba, en el trapecio, hacer sus maniobras. Se balanceaban, saltaban, se sostenían mutuamente en el aire, uno llevaba al otro sujetándole del pelo con la dentadura. «También eso es libertad humana, pensé, movimiento de autodominio». ¡Tú, hazmerreír de la sagrada naturaleza! Ningún edificio permanecería de pie en ese instante ante la carcajada de la especie simiesca.

No, no quería libertad. Sólo una salida, a la derecha, a la izquierda, hacia donde fuera. No expresé ninguna otra pretensión. Aunque la salida no fuera nada más que otro desengaño, la pretensión era pequeña, así que el desengaño no podría ser más grande...

Un informe para una academia

➥ Bien, la respuesta a su pregunta es simple: no, no hay que desear la salvación. No quiero promulgar ninguna ley, eso es cosa del carcelero. Yo sólo hablo de mí. Y en lo que a mí concierne apenas habría podido soportar la libertad, la misma libertad que supondría nuestra salvación, o, realmente, no habría podido soportarla en absoluto, pues ahora estoy encerrado en mi celda. Es cierto, jamás he aspirado a la celda, sino a la lejanía, quizá a otra estrella, pero ¿no sería allí el aire irrespirable y no me ahogaría como aquí, en la celda? Habría podido aspirar del mismo modo a la celda.

Fragmentos póstumos

EL DEMONIO, EL PECADO Y EL MAL

El pecado, el demonio y el Mal aparecen en la obra de Kakfa como las tres dimensiones que rigen la existencia del hombre en su estado de «ser caído». Asimilando y secularizando la herencia judeocristiana, Kafka adopta motivos bíblicos y los adapta al mundo ético de la sociedad industrializada. El pecado original, que se repite continuamente, infirió una herida incurable en la naturaleza del hombre, que se ve condenado en la obra kafkiana a habitar un mundo —mero remedo del infierno— en el que el mal moral obtiene una posición de privilegio respecto al Bien. Tanto el Mal como el pecado surgen de la ausencia de Dios, alejado del hombre por la culpa, despertando un anhelo de redención que causa una angustia existencial límite. El pecado y el Mal, representados a menudo en la figura del demonio, se convierten así en elementos esenciales del universo kafkiano.

➣ Lo demoniaco adopta a veces la apariencia del Bien o incluso lo llega a incorporar por completo. Naturalmente sucumbiré si permanece oculto para mí, pues ese Bien es mucho más tentador que el verdadero. ¿Qué ocurre, sin embargo, si no permanece oculto para mí?, ¿si los demonios me persiguen en una batida hasta el Bien?, ¿si como objeto que suscita repugnancia soy expulsado, arrollado, apuñalado a oscuras por agujas que me empujan hacia el Bien?, ¿si las garras visibles del Bien se extienden hacia mí? Entonces doy un paso atrás y retrocedo triste hacia el Mal, que ha estado esperando detrás de mí todo el tiempo hasta que tomara la decisión.

Cuadernos en octavo

➥ Alguien tenía que haber calumniado a Josef K, ya que fue detenido una mañana sin haber hecho nada malo.

El proceso

➥ Algunas veces, cuando regreso de la fábrica a casa por la noche o por la mañana, en el caso de un turno de noche, creo expiar todos mis pecados pasados y futuros con el dolor de mis huesos. No soy lo suficientemente fuerte para ese trabajo. Lo sé desde hace tiempo y, sin embargo, no cambio nada.

Cuadernos en octavo

➥ La debilidad fundamental del ser humano no consiste en que no puede vencer, sino en que no puede sacar provecho de la victoria. La juventud puede vencer a todo, al fraude primigenio, a la idea diabólica, pero no hay nadie allí que pueda capturar la victoria, que pueda vivificarla, pues la juventud ya ha pasado. La edad no osa tocar nunca más a la victoria y la nueva juventud, atormentada por el nuevo ataque emprendido, quiere su propia victoria. Así se ve el demonio continuamente derrotado, pero nunca destruido.

Fragmentos póstumos

➼ Hay sorpresas del Mal. Se da la vuelta repentinamente y dice: «Me has malinterpretado», y es posible que sea así. El Mal se transforma en tus labios, se deja morder por tus dientes y con los nuevos labios –los anteriores jamás se adaptaron con más obediencia a la dentadura– emite para tu asombro la buena palabra.

Cuadernos en octavo

➼ El pecado hereditario, la vieja injusticia que el hombre cometió, consiste en el reproche que hace el hombre, y del que no desiste, de que con él se ha cometido una injusticia, es decir que el pecado hereditario se cometió contra él.

Fragmentos póstumos

➼ Conócete a ti mismo no significa: obsérvate. Obsérvate es la palabra de la serpiente. Significa: hazte señor de tus acciones. Pero ahora ya lo eres, eres señor de tus acciones. La palabra significa entonces: ¡Desconócete! ¡Destrúyete! Por consiguiente, algo malo, y sólo cuando alguien se inclina profundamente puede oír al bien, que dice: «Para hacerte el que eres.»

Cuadernos en octavo

➥ El Mal es lo que distrae.

El Mal sabe del Bien, pero el Bien no sabe del Mal.

Sólo el Mal posee conocimiento de sí mismo.

Uno de los recursos del Mal lo constituye la conversación.

Cuadernos en octavo

➥ Dos niños rondaban ante el escaparate de Casinelli, un niño de aproximadamente seis años y una niña de siete, ambos bien vestidos. Hablaban de Dios y de los pecados. Yo permanecí detrás de ellos. La niña, quizá católica, sostenía que sólo el mentir a Dios constituía el verdadero pecado. El niño, quizá protestante, preguntó con testarudez infantil qué era entonces el mentir o el robar a los hombres. «También grandes pecados –dijo la niña–, pero no los más grandes, sólo los pecados contra Dios son los más grandes, para los pecados contra los hombres tenemos la confesión. Cuando me confieso, viene enseguida el ángel y se sitúa detrás de mí, cuando cometo un pecado es el diablo el que se sitúa a mis espaldas, aunque no se le puede ver». Cansada de tanta seriedad, giró sobre sus talones para divertirse y dijo: «Ves, no hay nadie a mis espaldas.» El niño giró del mismo modo y me miró: «Ves —dijo sin considerar que pudiera oírle o sin ni siquiera pensar en ello—, a mis espaldas está el diablo.» «Yo también le veo —dijo la niña—, pero no me refiero a ése.»

Fragmentos póstumos

•• El Mal es el firmamento del Bien.

Cuadernos en octavo

•• En el paraíso, como siempre: lo que causa el pecado y lo que conoce es lo mismo. La buena conciencia es el mal, que es tan victorioso que ni siquiera considera necesario aquel salto de izquierda a derecha.

Cuadernos en octavo

•• Estimar todavía en el demonio al demonio.

Cuadernos en octavo

•• Hemos sido separados por Dios de un modo recíproco. El pecado original nos separa de Él, el árbol de la vida le separa a Él de nosotros.

Cuadernos en octavo

‣ La desconsolada perspectiva del Mal: en el conocimiento del Bien y del Mal ya cree ver la igualdad con Dios. La maldición no parece empeorar nada en su ser: con el vientre medirá la longitud del camino.

Cuadernos en octavo

‣ Hay tres castigos posibles para el pecado original: el más benigno fue el que realmente se produjo, la expulsión del paraíso; el segundo: la destrucción del paraíso; el tercero –y éste habría sido el más terrible–: prohibición de la vida eterna y dejar todo lo demás como estaba.

Cuadernos en octavo

‣ 9 de enero. Superstición y fundamento y posibilidad de la vida:
A través del cielo del vicio se gana el infierno de la virtud. ¿Tan fácil? ¿Tan sucio? ¿Tan imposible? La superstición es simple.

Diarios

‣ Soy sucio, Milena, infinitamente sucio, por eso armo tanto ruido con la pureza. Nadie canta de un modo tan puro como los que se encuentran en lo más profundo del infierno; lo que tenemos por el cántico de los ángeles, es su cántico.

A Milena

SUEÑOS

La importancia del sueño en la obra de Kafka ha sido destacada a menudo. Los motivos son legión. Probablemente el argumento de mayor peso lo constituye la afirmación de que toda la obra de Kafka se puede leer como un sueño. Incluso muchos de sus personajes se mueven en un ambiente onírico y presentan un «yo» dividido, disperso. Algunos intérpretes hablan en este sentido de «realismo fantástico». En todo caso se puede constatar que muchos de los escritos kafkianos tuvieron su origen en pesadillas o en estados de ensoñación. El interés de Kafka por su vida onírica fue, además, intenso, y entre sus lecturas se encontraba Freud, así como otros analistas de la psique, que le suministraban todo tipo de teorías psicológicas que empleaba en un continuo autoanálisis del que sus Diarios son un claro ejemplo.

➻ 21 de noviembre. Sueño: el ministerio francés, cuatro hombres sentados a una mesa. Tiene lugar un consejo. Recuerdo al hombre sentado en la parte derecha, con un rostro chato y apretado en el perfil, color de piel amarillento, nariz recta y saliente (tan saliente a causa de su forma achatada) y unos bigotes fuertes, negros oliváceos, que cubrían la boca como una bóveda.

Diarios

•• Los sueños me invadían, yo yacía en la cama cansado y sin esperanza.

Cuadernos en octavo

•• 20 de noviembre. Sueño de un cuadro, supuestamente de Ingres. Las muchachas en el bosque reflejadas en miles de espejos o propiamente: las vírgenes, etc. Agrupadas y sostenidas en el aire de un modo similar al de los telones del teatro, a la derecha del cuadro se hallaba un grupo muy unido, hacia la izquierda se sentaban o yacían sobre una rama enorme o sobre una cinta en el aire o flotaban por su propia fuerza en una cadena que ascendía lentamente hacia el cielo. Y ahora no sólo se reflejaban de frente ante los espectadores, sino también de espaldas, por lo que se multiplicaron y se fueron tornando confusas. Lo que el ojo perdió en detalles lo ganó en plenitud. Delante se hallaba una muchacha desnuda, apoyada en una sola pierna y con la cadera prominente, que no quedaba sometida a la influencia de los reflejos. Aquí había que admirar el arte de dibujar de Ingres. Encontré con agrado que la demasiada desnudez real también había dejado lugar para el sentido del tacto en la muchacha. A través de uno de los lugares que ocultaba surgía el centelleo de una luz amarillenta y pálida.

Diarios

◦ Cuando Gregor Samsa despertó una mañana de sueños inquietos, comprobó que se había transformado en un insecto monstruoso en la cama. Yacía sobre su espalda dura y acorazada y veía, cuando levantaba la cabeza, su abdomen abovedado y dividido por durezas arqueadas, en cuya parte superior apenas podía mantenerse la manta, presta a deslizarse hasta el suelo. Sus numerosas y, en comparación con su tamaño, finas patas, vibraban desvalidas ante sus ojos.

«¿Qué me ha ocurrido?», pensó. No era un sueño.

La metamorfosis

◦ Sueño por la mañana: estoy sentado al final de una mesa alargada en el jardín de un sanatorio, de tal manera que en el sueño sólo puedo ver mi espalda. Es un día nublado. Debo de haber salido de excursión y he llegado recientemente en un automóvil, que había seguido avanzando hasta la rampa. Van a servir la comida, veo venir a una de las empleadas con un paso ligero pero vacilante, es una muchacha joven y frágil, con un vestido del color de las hojas en otoño. Atraviesa la sala de columnas que sirve como pórtico del sanatorio y baja al jardín. Todavía no sé qué es lo que quiere, pero me señalo con un gesto interrogativo para saber si realmente me busca a mí. Me trae una carta. Pienso que no puede tratarse de la carta que espero. Es una carta muy delgada, la letra también es delgada e insegura, completamente extraña. No obstante la abro. Encuentro una gran cantidad de hojas muy finas, todas enteramente escritas y con la misma extraña letra del sobre. Comienzo a leer, paso las hojas y me doy cuenta de que debe de ser una carta muy importante. Además, procede ostensiblemente de la hermana más pequeña de F. Comienzo a leer con avidez, entonces el vecino de mi derecha mira la carta por encima de mi hombro, no sé si era un hombre o una mujer, probablemente era un niño. Yo grito: «¡No!» El grupo de gente sentado a mi alrededor empieza a temblar. Quizá he causado una desgracia. Intento disculparme con algunas palabras rápidas para poder seguir leyendo enseguida. Me inclino de nuevo sobre mi carta, entonces despierto irremisiblemente, como si me hubiera despertado mi propio grito. Me obligo, plenamente consciente y con violencia, a regresar al sueño. La situación se vuelve a reproducir y leo con rapidez dos o tres nebulosas líneas de la carta de las que no retengo nada, y el sueño se pierde definitivamente mientras sigo durmiendo».

Diarios

➥ Sueños: en Berlín, hacia su casa, la conciencia tranquila y feliz, todavía no estoy en su casa, pero tengo la posibilidad de llegar sin problemas, seguro que llegaré. Contemplo las calles, en una casa blanca una inscripción, algo como «Las soberbias salas del norte» (leído ayer en el periódico), añadido en el sueño: «Berlín W.» Le pregunto a un guardia viejo, afable y de nariz roja, que esta vez está embutido en una especie de uniforme de servicio. Recibo una información excesivamente detallada, incluso me muestra una barandilla perteneciente a una pequeña zona verde en la lejanía a la que me podré sujetar para mi seguridad cuando pase por allí. Luego consejos sobre los tranvías, el suburbano etc. No puedo seguir y pregunto aterrorizado, sabiendo que infravaloro la distancia: «¿Estará a una media hora?» Pero el anciano responde: «Yo estoy allí en seis minutos». ¡Alegría! Un hombre cualquiera, una sombra, un camarada me acompaña siempre, aunque no sé quién es. Literalmente no tengo tiempo para volverme, ni siquiera para mirar a mi lado.

Vivo en Berlín, en una pensión cualquiera, en la que aparentemente viven jóvenes judíos polacos. Es una habitación muy pequeña. Uno de ellos escribe ininterrumpidamente con una pequeña máquina de escribir, apenas gira la cabeza cuando alguien le solicita algo. No hallo ningún mapa de Berlín. Veo siempre un libro en las manos de uno que se parece a un plano, pero siempre resulta que contiene algo muy diferente, un registro de las escuelas de Berlín, una estadística fiscal o algo similar. No lo quiero creer, pero me lo demuestran sonriéndome sin lugar a dudas.

Diarios

•• Sueño hace poco:

Viajaba con mi padre por Berlín con el tranvía. Lo característico de la gran ciudad quedaba representado por las innumerables barreras, que permanecían por regla general levantadas. Estaban pintadas a dos colores y al final pulimentadas hasta quedar romas. A no ser por ellas, todo estaba casi vacío, aunque la aglomeración de las barreras era grande. Llegamos ante una puerta, bajamos sin sentirlo y la atravesamos. Detrás de la puerta se elevaba una pared enorme y empinada, que mi padre subió prácticamente danzando. Sus piernas levitaban, tan ligero era. Había algo de desconsideración en su absoluta falta de ayuda, pues yo avanzaba con mucho esfuerzo, a gatas, y a menudo resbalaba hacia abajo, como si la pared se hubiese tornado más empinada. También resultaba penoso que la pared estuviera cubierta de excrementos humanos, de tal modo que de mi pecho colgaban residuos de los mismos. Los miraba con el rostro inclinado y me los quitaba con la mano. Cuando finalmente llegué arriba, mi padre, que acababa de salir del interior de un edificio, se abalanzó sobre mi cuello, me abrazó y me besó. Llevaba una chaqueta emperador que, según mis recuerdos, conocía bastante bien. Estaba pasada de moda, era corta y el interior estaba acolchado como un sofá. «¡Este Dr. von Leyden! Es lo que se dice un hombre excepcional», exclamaba una y otra vez. No le había visitado como médico, sino como a un hombre digno de ser conocido. Yo también tenía miedo de tener que visitarle, pero no me lo exigió. Detrás, a mi izquierda, vi a un hombre sentado en un despacho oficial rodeado de cristales transparentes que me daba la espalda. Resultó que ese hombre era el secretario del profesor y que mi padre realmente sólo había hablado con él, no con el profesor, pero de alguna manera, a través del secretario, había reconocido las excelencias del profesor como si hubiera tratado con él, así que estaba autorizado a emitir un juicio sobre el profesor cono si le hubiera conocido personalmente.

Diarios

•• Josef K soñó:

Era un día hermoso y K quería salir a pasear. Pero apenas había dado dos pasos, cuando ya se encontraba en el cementerio. Allí había dos caminos muy artificiales, que se entrecruzaban de forma poco práctica, pero él se deslizó por ellos como por un torrente, con una actitud imperturbable y oscilante. Desde la lejanía percibió un túmulo reciente ante el que quería detenerse. Este túmulo ejercía sobre él una atracción poderosa y no creía ir lo suficientemente rápido. Algunas veces apenas veía el túmulo, pues quedaba oculto por banderas que se entrelazaban con fuerza. No se veía a sus portadores, pero era como si allí reinase un gran júbilo.

Mientras dirigía su vista hacia la lejanía, descubrió repentinamente el túmulo a su costado, en el camino, ya casi a su espalda. Saltó rápidamente al césped. Como el terreno bajo su pie de apoyo al saltar era deslizante, se desequilibró y cayó precisamente ante el túmulo y de rodillas. Detrás de la tumba había dos hombres que sostenían una lápida en el aire. Apenas apareció K, arrojaron la lápida al suelo y él quedó como si lo hubieran emparedado. Un tercer hombre, al que K reconoció de inmediato como un artista, salió enseguida de un matorral. Vestía sólo unos pantalones y una camisa mal abotonada. En la cabeza llevaba un gorro de terciopelo y sostenía en la mano un lápiz común con el que, al acercarse, trazó figuras en el aire.

Se colocó con el lápiz arriba, sobre la lápida. Como ésta era muy alta no tuvo que agacharse del todo, aunque sí inclinarse, pues el túmulo, que no quería pisar, le separaba de la lápida. Permanecía, por consiguiente, sobre las puntas de los pies y se apoyaba con la mano izquierda en la superficie de la losa. Gracias a una hábil maniobra logró trazar letras doradas con el lápiz común. Escribió: «Aquí descansa...» Cada letra apareció clara y bella, perfecta y con oro puro. Cuando terminó de escribir las dos palabras, se volvió y miró a K, que esperaba ansioso la continuación de la escritura y apenas se preocupaba del hombre, ya que sólo mantenía fija su mirada en la lápida. El hombre, en efecto, se aprestó a seguir escribiendo, pero no podía, había algún impedimento. Bajó el lápiz y se volvió de nuevo hacia K que, ahora, se fijó en el pintor y advirtió que éste se encontraba en un estado de gran confusión, aunque no podía decir la causa. Toda su animación previa había desaparecido. También K quedó por ello confuso. Intercambiaron miradas suplicantes. Había un malentendido que ninguno podía aclarar. Comenzó a sonar de modo inoportuno la pequeña campana de la capilla perteneciente a la tumba, pero el artista hizo un ademán con la mano alzada y la campana se detuvo. Pasado un rato comenzó a sonar de nuevo, esta vez en un tono muy bajo y deteniéndose al instante sin ningún requerimiento. Era como si quisiera probar su sonido. K estaba desconsolado por la situación del artista, comenzó a llorar y sollozó largo tiempo cubriéndose el rostro con las manos. El artista esperó hasta que K se hubo tranquilizado y entonces decidió, ya que no encontraba otra salida, seguir escribiendo. La primera línea que trazó fue para K una salvación, aunque el artista la llevó a cabo con una gran resistencia. La escritura ya no era tan bella, sobre todo parecía faltar oro. La línea surgía pálida e insegura, la letra quedaba demasiado grande. Era una «J», estaba casi terminada, cuando el artista pisoteó furioso la tumba, de tal modo que la tierra invadió el aire. K le comprendió al fin. Para pedir perdón ya no había tiempo. Escarbó en la tierra, que apenas oponía resistencia, con los dedos. Todo parecía preparado. Sólo había una ligera capa para guardar las apariencias. Una vez retirada, apareció un gran agujero con paredes escarpadas en el que K se hundió, puesto de espaldas por una suave corriente. Mientras él, con la cabeza todavía recta sobre la nuca, ya era recibido por la impenetrable profundidad, su nombre era inscrito con poderosos ornamentos en la piedra.

Fascinado por esta visión, despertó.

El sueño

•• No puedo dormir. Sólo sueños, imposibilidad de dormir.

Diarios

••• *Sueño sagrado.* Caminaba a lo largo de la Landstraße, no la veía, sólo advertía cómo se contoneaba al andar, cómo se levantaba su velo, cómo se alzaba su pie. Yo estaba sentado al borde de una roca y contemplaba el agua del pequeño arroyo. Ella atravesó los pueblos; los niños permanecían ante las puertas. La miraban cuando llegaba a su encuentro y cuando se iba.

Sueño desgarrado. El capricho de un príncipe anterior dispuso que el mausoleo tuviera un vigilante directamente ante el sarcófago. Hombres razonables se habían manifestado en contra, pero finalmente se concedió al príncipe, por lo demás bastante limitado, esta pequeñez. Un inválido de una guerra del siglo anterior, viudo y padre de tres hijos, que habían caído en la última guerra, se ofreció para ocupar el puesto. Fue aceptado y un alto funcionario le acompañó hasta el mausoleo. Una mujer de la limpieza, cargada con cosas diversas destinadas al vigilante, les acompañó. El inválido logró mantener el ritmo del alto funcionario, a pesar de su pata de palo, hasta la avenida que llevaba directamente al mausoleo. Pero entonces falló un poco, tosió ligeramente y comenzó a arrastrar la pierna. «Bien Friedrich», dijo el alto funcionario, que había avanzando un trecho más con la mujer de la limpieza y en ese momento miraba a su alrededor. «Se me desgarra la pierna –dijo el inválido e hizo una mueca–, sólo un momento de paciencia, suele pasar enseguida».

Cuadernos en octavo

➥ 3 de febrero. Insomnio, prácticamente toda la noche. Plagado de sueños, como si hubieran sido grabados en mí, en un material repugnante.

Diarios

➥ 9 de noviembre. Soñado anteayer: teatro ruidoso. Yo, una vez en la galería, otra en el escenario. Actuaba una muchacha que me había gustado hace unos meses, tensaba su cuerpo flexible como si se asiera aterrorizada a una butaca con el respaldo inclinado. Yo señalaba a la muchacha desde la galería, que interpretaba el papel de un varón. A mi acompañante no le gustaba. En uno de los actos los decorados eran tan enormes que no se podía ver otra cosa, ni el escenario, ni la sala de espectadores, ni la oscuridad, ni las candilejas. Más bien se puede decir que una gran cantidad de espectadores se hallaba en el escenario, que representaba el barrio de la ciudad antigua, probablemente visto desde la salida de la calle Niklas. Aunque desde ese ángulo no era posible ver la plaza ante el reloj del ayuntamiento y el pequeño distrito, era posible, sin embargo, con giros y lentos balanceos del suelo del escenario, que, por ejemplo, el palacio Kinsky se pudiera divisar desde el pequeño distrito. No tenía otro objetivo que mostrar todo lo posible del decorado, ya que resultaba de una perfección tal que hubiera sido lamentable perderse algo del mismo. Yo era consciente de que se trataba del decorado más hermoso de toda la tierra y de todos los tiempos. La iluminación se hallaba matizada por nubes oscuras y otoñales.

La luz del abatido sol brillaba dispersa en ésta o aquella policroma vidriera de la esquina sudoeste de la plaza. Como todo estaba ejecutado en su tamaño natural y sin desviarse lo más mínimo de la realidad, daba una impresión conmovedora que algunos de los batientes de las ventanas se abrieran y cerraran a causa del aire sin que, por la gran altura de las casas, se pudiera oír el más mínimo ruido. La plaza tenía un fuerte declive, el empedrado era casi negro. La iglesia «Tein» estaba en su lugar, pero ante ella se encontraba ahora un pequeño palacio, en cuyo antepatio se habían reunido con gran orden todos los monumentos que previamente habían estado situados en la plaza: las columnas de María, la antigua fuente frente al ayuntamiento, que ni yo mismo había visto, la fuente frente a la iglesia Niklas y una valla de tablas alzada alrededor del levantamiento del suelo para la estatua de Hus.

Se representaba —a menudo se olvida en la sala de espectadores que se representa sólo en el escenario y en esos bastidores— una fiesta imperial y una revolución. La revolución era tan grande, con masas populares enviadas hacia adelante y hacia atrás, como probablemente no ha tenido lugar ninguna en Praga. Se había trasladado la revolución claramente a Praga sólo por los decorados, ya que pertenecía propiamente a París. De la fiesta no se veía nada al principio. La corte había salido a festejar algo, mientras tanto había estallado la revolución y el pueblo había penetrado en el palacio. Yo mismo salía corriendo en ese instante al aire libre sobre los saledizos de las fuentes, en el antepatio. El regreso de la corte al interior del palacio era imposible. Entonces llegaron las carrozas desde el callejón del Hierro, y a una velocidad tal que tuvieron que frenar ante la entrada al palacio. Las ruedas bloqueadas se arrastraron por el asfalto. Eran carrozas como las que se veían en las fiestas populares y en los desfiles. Portaban escenas vivientes, eran por lo tanto planas, rodeadas por una guirnalda de flores, y desde la plataforma caía alrededor un paño multicolor que ocultaba las ruedas. La gente se hizo más consciente del horror al apreciar lo que significaba su prisa. Fueron arrastrados casi inconscientes por los caballos, que se encabritaron frente a la entrada, por la curva desde el callejón del Hierro hasta el palacio. Precisamente en ese momento fluían por mi lado masas de personas hacia la plaza, la mayoría eran espectadores a los que conocía del callejón y que quizá acababan de llegar. Entre ellos se hallaba una muchacha conocida, aunque no sé con certeza quién era. A su lado iba un hombre joven y elegante con un «úlster» amarillo oscuro y con cuadros pequeños, la mano derecha hundida en el bolsillo. Se dirigían hacia la calle Niklas. Desde ese momento no pude ver nada más.

Diarios

➻ Soñado hace poco: vivíamos en el «Graben», cerca del Café Continental. Por la calle Herren torcía un regimiento en dirección a la estación. Mi padre: «Algo así hay que verlo mientras se tenga la posibilidad.» Se aupó en la ventana (con la bata de Félix, toda la figura era una mezcla de ambos) y cayó con los brazos extendidos en el amplio y casi desmoro-

nado antepecho de la ventana. Logré agarrarle y le sostuve
por las dos cadenillas con las que queda ajustado el cinturón
de la bata. Se inclinó más hacia fuera por pura maldad, y yo
puse todos mis músculos en tensión para sujetarle. Pensé lo
bueno que sería si hubiera podido atar mis pies con una
cuerda a algo fijo para no ser arrastrado por mi padre. Pero
para llevarlo a cabo tendría que haberle soltado un instante
y eso era imposible. El sueño —sobre todo mi sueño— no
soportó toda esta tensión, así que desperté.

Diarios

➽ Le solicité en sueños a la bailarina Eduardowa que bai-
lara una vez más la «csárdás». Tenía una amplia franja de
sombra o de luz en medio del rostro, entre el borde inferior
de la frente y la zona media de la barbilla. En ese instante llegó alguien con repugnantes movimientos de intrigante para
decirle que el tren salía en seguida. Por el modo en que escu-
chó la información comprendí con horror que no bailaría
más. «Soy una mujer mala y perversa, ¿verdad?», dijo. «Oh,
no —dije yo—, eso sí que no.» Y me di la vuelta en una dirección cualquiera para irme. Antes de hacerlo le pregunté
acerca de las muchas flores que pendían de su cinturón.
«Son de todos los príncipes de Europa», dijo. Pensé en qué
sentido podía tener que estas flores, encajadas frescas en su
cinturón, le hubieran sido regaladas a la bailarina Eduardowa por todos los príncipes de Europa.

Diarios

•• Sueño con mi padre. Hay una pequeña audiencia (entre la que se encuentra la señora Fanta para la caracterización), ante la que mi padre anuncia por vez primera una reforma social. Intenta que esta audiencia seleccionada, sobre todo seleccionada según su opinión, asuma la propaganda de su idea. De cara al exterior lo expresó de una manera más modesta, ya que sólo reclamaba de los presentes que, cuando lo conocieran todo, informaran sobre direcciones de personas que pudieran estar interesadas y que pudieran ser invitadas a tomar parte en una gran asamblea pública que tendría lugar con posterioridad. Mi padre no había tenido nada que ver en su vida con aquella gente, por lo que los tomaba con una seriedad exagerada. Llevaba un traje de chaqueta negro y presentó su idea con extrema precisión, con todos los signos del «dilettantismo». La audiencia reconoce, aunque no estaba preparada para una conferencia, que se les está presentando una idea con todo el orgullo de la originalidad, pero que en realidad se trata de una proposición anticuada y manida. Se lo dicen a mi padre. Éste, sin embargo, esperaba esa objeción, así que continua, completamente convencido de la nimiedad del reproche, con la cuestión, incluso con mayor insistencia, mostrando una sonrisa fina y amarga. Cuando termina, se deduce del murmullo general de reprobación que no ha convencido ni de la originalidad, ni de la utilidad de su idea. No se interesarán muchos. Siempre se encontrará, sin embargo, a alguno aquí y allá que, quizá por benevolencia o porque me conoce a mí, le entregue alguna dirección. Mi padre, imperturbable ante el ambiente general, ha recogido los papeles de la conferencia y prepara montones de papeletas blancas para anotar las escasas direcciones. Yo sólo escucho el nombre de un consejero áulico, Strizanowski o algo similar. Más tarde veo a mi padre de la manera en que habitualmente juega con Félix, sentado en el suelo y apoyado en el canapé. Aterrado, le pregunto qué hace. Él piensa acerca de su idea.

Diarios

VIAJAR O EL ARTE DE OBSERVAR

Cuando se leen los Diarios de viaje de Kafka no podemos dejar de pensar en la famosa definición de «viaje» que Fernando Pessoa incluyó en su obra El libro del desasosiego: *«Los viajes son los viajeros. Lo que vemos no es lo que vemos, sino lo que somos». En efecto, las impresiones de Kafka constituyen una extensión de su personalidad. El escritor checo esculpe la realidad y la describe a través de un prisma personal y único. Desde su infancia Kafka experimentó la necesidad de viajar, incluso fantaseó con la posibilidad de abandonar Praga y trasladarse a lugares exóticos. No obstante, al mismo tiempo sentía un fuerte vínculo emocional y contradictorio con su ciudad natal que, sumado a su debilidad física, impedía que disfrutase plenamente de los viajes, desarrollando ocasionalmente estados de agotamiento y angustia que le hacían anhelar un regreso inmediato.*

Del Diario de un viaje a Friedland y Reichenberg

•• Un judío de Reichenberg llama la atención en el departamento con pequeñas exclamaciones acerca de trenes rápidos que sólo lo son por el precio del billete. Mientras tanto, un pasajero escuálido –lo que se denomina un suspiro de monja— come con tragos rápidos jamón, pan y dos salchichas, a las que quita cuidadosamente la piel transparente con el cuchillo, hasta que finalmente arroja todos los restos y el papel debajo del asiento, detrás de la tubería de la calefacción. Durante la comida ha leído hasta el fin dos periódicos de la tarde, siempre dirigido hacia mí, en esa innecesaria, pero para mí tan simpática, presteza impaciente, aunque en este caso se tratase de una imitación sin éxito. Orejas abiertas. Una nariz relativamente ancha. Se restriega el pelo y el rostro con las manos grasientas sin ensuciarse, lo que yo no puedo hacer.

↪ Frente a mí un señor duro de oído, con mostacho y una voz fina. Al principio se ríe tranquilo, sin desenmascararse, de una manera irónica, del judío de Reichenberg, en lo que participé, siempre con alguna resistencia, pero por algún tipo de respeto, con miradas cómplices. Más tarde resulta que este señor, que lee el periódico del lunes, come algo, compra vino en una estación y bebe a tragos como yo, carece del más mínimo valor.

↪ En el viaje de regreso de Raspenau a Friedland, a mi lado ese hombre rígido, parecido a un muerto, al que el bigote le cuelga sobre la boca abierta y que, cuando le pregunté por una estación, se dirigió a mí amablemente y me suministró la información de la forma más animada.

➤ El castillo en Friedland. La cantidad de posibilidades de observarlo: desde la planicie, desde un puente, desde el parque, entre árboles deshojados, desde el bosque entre los grandes abetos. El castillo sorprendentemente construido con masas superpuestas. Cuando se penetra en su patio, no queda equilibrado por un tiempo, ya que la oscura hiedra, el muro negro grisáceo, la blanca nieve, el hielo gris pizarroso que lo cubre aumenta su diversidad. El castillo no ha sido edificado sobre una cúspide ancha, sino que la cúspide, bastante puntiaguda, ha sido rodeada. Ascendí por un camino resbalando continuamente, mientras el castellano, con el que me encontré más arriba, subía con ligereza por dos escaleras. Hiedra por todas partes. Desde un pequeño saliente, formidable vista. Una escalera a lo largo del muro queda interrumpida a la mitad sin sentido. Las cadenas del puente levadizo penden de los ganchos con descuido.

➤ No queda nada clara la intención real de las personas que por la noche van deprisa en una ciudad pequeña. Si vivieran fuera, deberían utilizar el tranvía, ya que las distancias son grandes. Si viven, sin embargo, en el lugar, entonces ya no existe ninguna distancia y ningún motivo para andar deprisa. No obstante, la gente cruza esta plaza a grandes zancadas, plaza que no sería demasiado grande para un pueblo y cuyo ayuntamiento hace más pequeña debido a sus inesperadas dimensiones (la puede cubrir de sobra con su sombra). Desde la perspectiva de la pequeña plaza, el observador no se quiere creer las dimensiones del ayuntamiento y pretende explicar la primera impresión de su tamaño con la pequeñez de la plaza.

Un policía no conoce la dirección de la caja del seguro de enfermedad laboral, otro desconoce la de la delegación, otro más no sabe ni siquiera dónde se halla la calle Johannes. Se justifican diciendo que están poco tiempo de servicio. Con motivo de una dirección tengo que ir al puesto de guardia, donde una buena cantidad de policías descansa de distintas maneras. Todos llevan uniforme, cuya belleza, novedad y colorido sorprenden, ya que en la calle sólo se ven por todas partes los oscuros abrigos de invierno.

En las callejuelas estrechas sólo han podido colocar un raíl. El tranvía que va a la estación pasa, en consecuencia, por calles distintas por las que pasó el que venía de la estación. Desde la estación a través de la calle Wiener, allí viví en el hotel Eiche, hasta la estación por la calle Schücker.

Del Diario de viaje Lugano-París-Erlenbach

⇥ Max duerme en el compartimento. Dos franceses. Uno de ellos, el oscuro, ríe continuamente, la primera vez de que Max apenas le deja sitio (de tal modo se ha estirado), la segunda de que se aprovecha un instante y no deja que Max se eche. Max en el baldaquín de su «havelock»[8]. Los cigarri-

---

[8] Abrigo masculino con esclavina, denominado así en honor del general inglés Sir Henry Havelock.

llos del otro francés poderoso. Comida por la noche. Entran dos suizos. Uno fuma. Otro, que se había quedado atrás cuando subieron los dos mencionados, permanece aparte al principio, pero hace acto de presencia a primeras horas de la mañana. Bodensee. Contemplado irreflexivamante, como desde el atracadero. Suiza en las horas del amanecer abandonada a sí misma. Desperté a Max al ver (dibujo de un puente) un puente de ese tipo y recibí la primera impresión fuerte de Suiza, aunque la contemplo ya hace tiempo desde el crepúsculo interno al externo. La impresión de las casas rectas y autónomas, sin formar callejuelas, en St. Gallen. Winterthur. Un hombre en una villa iluminada en Württemberg, se inclina sobre la barandilla de la terraza a las dos de la madrugada. La puerta del despacho, abierta. Las vacas empiezan a despertar en la Suiza que aún duerme. Postes de telégrafos: perfil de una percha. Empalidecer de los prados con el ascenso del sol. Recuerdo del edificio de la estación parecido a una prisión de Cham, cuyo letrero fue llevado a cabo con seriedad bíblica. Los adornos en las ventanas parecen, a pesar de su pobreza, infringir los reglamentos. En dos ventanas bastante distanciadas del gran edificio se pueden ver, agitados por el viento, un arbolito grande y otro pequeño.

Un granuja con bastoncillo, cancioncilla y una mano en el bolsillo del pantalón en la estación de Winterthur.

Impresión histórica de militares extranjeros. Falta esta impresión con los propios. – Argumento del antimilitarismo.

[187]

Compramos el mapa de Zúrich.

En un puente, ida y vuelta a causa de la indecisión sobre la sucesión temporal entre el baño frío, caliente y el desayuno.

La arteria de tráfico principal. Tranvías vacíos, pirámides de pequeños rollos ante un escaparate de un comercio de moda masculina.

Max: confusión de las lenguas como solución a las dificultades nacionales. El «chauvinista» ya no se reconoce.

Baño en Zúrich: baño sólo para hombres. Uno al lado del otro. La lengua suiza: alemán revestido de plomo. En parte no hay cabinas, libertad republicana del desvestirse cada uno ante su percha, asimismo libertad del instructor de natación para vaciar el solárium completo con una bombona extintora. Este acto de vaciar no debiera ser, por lo demás, más injustificado que la incomprensibilidad de la lengua. Saltador: salta con los pies abiertos en la barandilla, primero sobre el trampolín para aumentar así el impulso. Sólo se puede apreciar una institución de baños después de una larga utilización. No hay clases de natación. Un médico naturalista cualquiera con el pelo largo se mueve en solitario. La orilla del lago es baja.

Ningún judío. Max: los judíos han dejado escapar este gran negocio. Comienzo: marcha de los «Bersaglieri». Final:

marcha «pro patria». En Praga no hay conciertos al aire libre y sin ningún motivo (parque de Luxemburgo), según Max es republicano.

Lunes 28 de agosto. Hombre con botas altas desayuna junto a la pared. Vapor de segunda clase. Lucerna por la mañana. Mal aspecto del hotel. Matrimonio lee cartas enviadas de casa con recortes de periódico sobre el cólera en Italia. Las espléndidas urbanizaciones sólo visibles en un crucero por el lago, se navega a su nivel. Se transforma la configuración de las montañas. Vitznau, Rigibahn. He visto el lago a través de hojas, impresión mediterránea. Sorpresa por la repentina superficie del lago Zuger. Bosques autóctonos. Ferrocarril construido en el setenta y cinco, mirar en el viejo *Sobre tierra y mar*. Suelo histórico inglés, aquí van todavía con cuadros y «favoris». Catalejo. Muchacha lejana, rotonda del monje, un aire caliente y fluctuante mueve la imagen (...)»

↝ Martes 29 de agosto. Esta hermosa habitación con balcón. Demasiado encerrado entre montañas. Un hombre y dos muchachas, con impermeables y bastones de montaña, cruzan por la noche el vestíbulo uno detrás del otro. Cuando todos han llegado a la escalera, los detiene una pregunta de la doncella. Se muestran agradecidos, ya saben de qué se trata. A una pregunta sobre su excursión a la montaña: «no era tan fácil, eso se lo puedo decir». En el vestíbulo me parecían sacados de *Miss Dudelsack*[9]; Max, en la escalera, parecía sacado de Ibsen, yo también. Gemelos olvidados. En el ferrocarril nos enteramos de que mañana una dama mayor viaja a Génova. Joven con bandera suiza. Baño en el lago Vierwaldstätter. Un matrimonio. Salvavidas. Paseantes en la calle Axen. El baño más agradable, porque uno se las puede arreglar solo. Pescadoras con vestidos en los que se alternan el blanco y el amarillo. Subida al ferrocarril Gotthard. Agua mezclada con leche de nuestros ríos. La flor húngara. Los labios gruesos. Línea exótica desde la espalda al trasero. Un hombre atractivo con los húngaros. En Italia, el suelo escupido con piel de uvas, en el sur ya no. General jesuita en la estación de Göschenen. De repente Italia, mesas arrojadas ante las hosterías, un hombre joven de todos los colores que no puede mantenerse, movimientos de mano de mujeres que se despiden (una especie de imitación de un pellizco); de negro y con peinado alto en uno de los lados de una estación, casas rosa claro, rótulos confusos. Más tarde desaparece lo italiano o el núcleo suizo pasa a un primer plano. Mujeres en la casita de guardabarrera, recuerda a la lucha. (Cataratas) de Tesina. Cataratas por intervalos. El Lugano alemán. Ruidosa palestra. Correos recientemente construido. Hotel Belvedere. Concierto en el balneario. No hay fruta.

---

[9] Opereta de Fritz Grünbaum y Heinz Reichert.

➤ 4 de septiembre. Informaciones sobre el cólera. Oficina de transportes. *Corriere della Sera, Norddeutscher Lloyd, Berliner Tageblatt,* la camarera trae informaciones de un médico berlinés. El carácter medio de estas noticias cambia según el grupo y el propio estado corporal. En la partida de Lugano a Porto Ceresio, a la una y cinco, es bastante favorable. Entusiasmo pasajero por París. En el viento que sopla en la revista «Excelsior» de 3 de septiembre y con el que corremos hasta un banco. En el puente sobre el lago Lugano quedan por alquilar todavía espacios para anuncios...

➤ Milán: olvidada la guía en un comercio. Hemos regresado y la hemos robado. Hemos comido «Apfelstrudel» en el patio del Mercanti. Dulces saludables. Teatro Fossati. Todos los sombreros y los abanicos en movimiento. Risa de un niño en las alturas.

➤ Maduración de la decisión de viajar a París: el instante en Lugano al mirar sobre el «Excelsior», viaje a Milán como consecuencia de la compra no del todo voluntaria de los billetes a Milán vía Porto Ceresio, de Milán a París por miedo al cólera y por el deseo de una gratificación por este miedo. Además, cálculo de las ventajas financieras y temporales de este viaje.

I. Rimini-Génova-Nervi (Praga).

II. Lagos del norte italiano, Milán-Génova (Praga).

III. Dejar Maggiore, Lugano, Milán, viaje de las ciudades hasta Bolonia.

IV. Lugano-París.

V. Lugano-Milán (varios días)-Maggiore.

VI. En Milán: directos hacia París (eventualmente Fontainebleau).

VII. Bajar en Stresa. Así recibe el viaje por primera vez una buena ojeada retrospectiva y una buena idea anticipada. El viaje ha crecido y se le toma, por consiguiente, por el talle. En mi vida he visto hombres tan pequeños como en la Galería [Vittorio Emmanuele de Milán]. Max afirma que la Galería es tan alta como otras casas que vemos al aire libre. Yo lo niego con una objeción que he olvidado, siempre me pondré a favor de la Galería. No tiene apenas un adorno que sea superfluo, no mantiene la mirada hacia arriba, por esta causa y por su altura parece corta, aunque también soporta eso. Forma una cruz por la que circula libremente el aire. Puedo consolarme perfectamente de no haber visto los restos romanos con la Galería. Rótulo transparente al final del pasillo sobre el burdel: «Al vero Eden».

➽ 5 de septiembre. Banca Commerciale en la plaza de la Scala. Cartas de casa. Postal al jefe. Asombrosa la entrada a la catedral entre doseles, moreno como en Cadenabbia. Deseo de suministrar una imagen arquitectónica de la catedral, porque constituye en su totalidad una pura representación arquitectónica. La mayor parte sin bancos, tiene pocas estatuas en las columnas, pocos y oscuros cuadros en los lejanos muros. Sitúa al visitante en el suelo como escala de su dimensión o el visitante se mueve como proporción de su extensión. Grandiosa, pero me ha recordado demasiado rápido a la Galería. Irresponsable viajar sin tomar notas, sólo vivir. El sentimiento mortal del monótono transcurrir de los días es imposible. Subida al tejado de la catedral. Un joven italiano que pasaba nos aligera la subida al tararear una canción, intenta quitarse la chaqueta, mira a través de las aberturas por las que sólo se puede ver la luz del sol y palpa siempre las cifras que muestran el número de escalones. Vista frontal del techo de la Galería. Abajo, el mecanismo de los tranvías está algo deteriorado, por eso circulan con tanta lentitud, sólo guiados por la curvatura de los raíles. Un revisor corre, según nuestra perspectiva, torcido y encogido hacia su tranvía y salta. Una gárgola con figura humana, el cerebro y la columna vertebral extirpados para que el agua de la lluvia encuentre su camino. En cada una de las grandes vidrieras policromas domina un color de vestido que una y otra vez aparece en los cuadros. Max: estación en el escaparate de una juguetería, vías que terminan formando un círculo y no llevan a ninguna parte, perduran como la más fuerte impresión de Milán. En el escaparate sería explicable el agrupamiento de la estación con la catedral debido al deseo de mostrar la variedad del lugar. Desde la puerta trasera de la catedral se puede mirar un enorme reloj de techo directamente en el rostro. Max: el camino al castillo ahorrado por su vista. Teatro Fossati. Viaje a Stresa. Movimientos del relieve de los durmientes que llenan el departamento. Pareja de enamorados. Por la tarde en Stresa.

❧ Diferencias nacionales en Suiza. Biel, una ciudad que hace unos años era completamente alemana, corre peligro de afrancesarse por la inmigración de muchos relojeros franceses. El cantón de Tesina, el único italiano, quiere separarse de Suiza. Hay una «Irredenta». Los italianos carecen de representación en el senado de siete miembros, sólo podrían obtenerla, dado su pequeño número (quizá 180.000), en uno de nueve miembros. Sin embargo, no se quiere modificar el número. El ferrocarril Gotthard era una empresa privada alemana, tenía funcionarios alemanes que fundaron una escuela alemana en Bellinzona. Ahora que es estatal los italianos quieren que los funcionarios sean italianos y que se suprima la escuela alemana, pero sobre la instrucción pública sólo decide el gobierno cantonal. Población total: dos tercios de alemanes, un tercio de franceses e italianos.

❧ *El sitio de París*, por Francisque Sarcey: 19 de julio de 1870 declaración de guerra. Las celebridades caídas en algunos días. Carácter cambiante del libro mientras describe el carácter cambiante de París. Alabanza y reproche de las mismas cosas. La tranquilidad de París después de la derrota se atribuye por un lado a la ligereza francesa y por otro a la capacidad de resistencia. Cuatro de septiembre después de la república de Sedan. Trabajadores y miembros de la Guardia Nacional, subidos en escaleras, destruyen con martillos la N en los edificios públicos. Ocho días después de la proclamación de la República el entusiasmo era todavía tan grande que no se podía conseguir gente para los trabajos de fortificación. Los alemanes están en marcha. Broma parisiense: Mac-Mahon fue apresado en Sedán, Bazaine entregó Metz, al fin han conseguido unirse los dos ejércitos. Ordenada la destrucción de los arrabales, tres meses sin noticias. Nunca tuvo París tanto apetito como al principio del sitio. Gambetta organizó el levantamiento en las provincias. Una vez hubo suerte y llegó una de sus cartas. Pero en vez de comunicar datos concretos y veraces, según los cuales debía comunicar que todo estaba en llamas, escribía sólo que «la resistencia de París será la admiración del universo». Thiers viaja por las cortes. Locas reuniones en los clubes. Una reunión de mujeres en el gimnasio Triat: «¿Cómo deben proteger las mujeres su honor ante el enemigo?». Con el «doigt de Dieu» («dedo de Dios»), o mejor con el «doigt prussique» («dedo prúsico»). Consiste en una especie de dedal de caucho que las mujeres introducen en el dedo. En el dedal hay un pequeño tubo que contiene ácido prúsico. Llega un soldado alemán y se le da la mano, a continuación se le pincha y se le inocula el veneno. El Instituto envía a un científico en globo para que investigue un eclipse solar en Argelia. Se comían castañas del año anterior, los animales del «Jardin des Plantes». Había algunos restaurantes en los que se podía conseguir de todo hasta el último día. El sargento Hoff, que se había hecho tan famoso por el asesinato del prusiano en venganza de su padre, desapareció y fue tomado por un espía. Estado del ejército: algunos centinelas avanzados brindan a la fraternidad con los alemanes. Louis Blanc compara a los alemanes con mohicanos que han estudiado técnica. El 5 de enero comienza el bombardeo. No causa mucho efecto. Se ordenó que la gente se arrojara al suelo cuando se oyera ruido de granadas (...)

➡ Esfuerzos de todos los franceses con los que se entra en contacto por mejorar, aunque sólo sea un instante, su mal francés.

➡ Eclesiástico delgado y mal afeitado con el viajero de las postales, que muestra docenas de ellas y que el eclesiástico comenta. Le miro con tanta atención, un poco influido por el calor, que finalmente le piso el hábito con todo el tacón de la bota. «Niente», dice, y sigue hablando, siempre con una respiración fuerte salpicada con «¡ah!» italianos.

➡ Comienzo de los malentendidos parisienses. Max sube a mi habitación del hotel y se impacienta porque todavía no estoy listo y me lavo la cara, mientras que antes le había dicho que sólo nos lavaríamos un poco y nos iríamos en seguida. Como con el «lavarnos poco» había querido decir que no nos laváramos todo el cuerpo, pero sí la cara, y todavía no había terminado, no comprendo sus reproches, por lo que continúo lavándome la cara, aunque no tan esmeradamente como antes. Mientras tanto Max, con toda la suciedad del viaje nocturno en su traje, se sienta en mi cama para esperar, pero también para contraer el rostro en una mueca melosa, como si buscara por un lado fomentar la comprensión de sus reproches y como si quisiera mostrar, por otro lado, que sólo ese rostro meloso era el que le impedía propinarme una bofetada. En el hecho de obligarle a adoptar esa actitud hipócrita tan contraria a su naturaleza subyace otro reproche, que él parece hacerme cuando enmudece y distiende su rostro en la dirección contraria, es decir apartándose de la boca, para descansar de la mueca melosa, lo que naturalmente ejerce un efecto más impactante que el primer rostro. Yo, por el contrario (así fue también en París), comprendo, ensimismado por el agotamiento, que a mí esos rostros no me producen el más mínimo efecto, por lo que puedo ser muy poderoso en mis lamentos, precisamente debido a mi perfecta indiferencia, y así soy capaz de disculparme sin ningún tipo de sentimiento de culpa. Eso le tranquilizó en París, al menos aparentemente, por lo que salió conmigo al balcón y comentó la vista, sobre todo lo parisiense que era. Yo realmente sólo vi lo fresco que estaba Max, cómo se acomodaba con seguridad a cualquier París, así que no advertí como ahora, viniendo de su oscura habitación trasera, salía por vez primera desde hacía un año al sol en un balcón de París y se sentía conscientemente digno de ello, mientras yo, lamentablemente, estaba mucho más cansado que en mi primera salida al balcón un rato antes a la llegada de Max. Y mi cansancio en París no podía ser eliminado con sueño, sino yéndome de allí. Algunas veces lo tengo incluso por una peculiaridad de París.

↝ En el Louvre de banco en banco. Dolor por cada uno que se deja de lado. Aglomeración de gente en el salón Carré, estado de ánimo excitado, permanecer en grupos como si acabaran de robar la Mona Lisa. Comodidad de las barras transversales, sobre las que te puedes apoyar, ante los cuadros, especialmente en la sala de los Primitivos. La obligación de tener que ver con Max sus cuadros favoritos, ya que estoy demasiado cansado para contemplarlos por mí mismo. Admiración. La fuerza de una joven inglesa bastante alta que va con su acompañante desde una esquina a la otra de la sala más larga.

↝ La Venus de Milo, cuya visión se transforma rápida e inesperadamente al rodearla con la mayor lentitud. Lamentablemente una observación forzada (sobre talle y ropaje), pero hice algunas observaciones verdaderas que para recordarlas sería necesaria una reproducción plástica, especialmente sobre cómo la rodilla izquierda que permanece doblada influye en la contemplación desde todas las perspectivas,

aunque a veces muy débilmente. La observación forzada: se
espera que el cuerpo rejuvenezca enseguida sobre el ropaje
que cae, pero al principio resulta ser más ancho. El vestido
que cae y es sostenido por la rodilla.

Del Diario de viaje Weimar-Jungborn

➤ Salida hacia Weimar a las cinco. La anciana señorita en
el departamento. Piel oscura. Bellas redondeces en la barbilla y en las mejillas. Cómo se doblaba la costura de las me-
dias alrededor de sus piernas. Se había tapado el rostro con
el periódico y nosotros contemplábamos las piernas. Weimar. También ella se baja, después de ponerse un sombrero
grande y antiguo. La vi más tarde una vez más cuando ob-
servaba la casa de Goethe desde la plaza del mercado. Largo
camino hasta el hotel Chemnitius. Casi perdido el valor.
Buscamos la casa de baños. Nos asignan apartamentos de
tres piezas. Max tiene que dormir en un agujero con traga-
luz. Piscina descubierta en Kirschberg. Lago Schwanen. Visita nocturna a la casa de Goethe. Identificación inmediata.
Todo en color amarillo oscuro. Participación perceptible de
toda nuestra vida anterior en la impresión del instante. La
oscuridad de las ventanas en las estancias deshabitadas. El
claro busto de Juno. Palpar las paredes. Cortinas blancas en-
rolladas algo caídas en todas las habitaciones. Catorce ventanas a la calle. La cadena que sobresale. Ninguna imagen
reproduce el todo. La plaza desigual, la fuente, la línea
abrupta de construcción de la casa que se adapta a la tenden-

cia ascendente de la plaza. Las ventanas oscuras, algo alarga-
das, enmarcadas en el color tabaco. La casa burguesa en sí y
por sí más llamativa de Weimar.

➳ Domingo, 30. Por la mañana. Casa de Schiller. Mujer
contrahecha que se adelanta y se disculpa con algunas palabras, principalmente en virtud del tono en que las pronuncia, por su presencia. En la escalera Clío llevando un diario.
Cuadro de la conmemoración del centenario del nacimien-
to, el 10 de noviembre de 1859. La casa espaciosa y decora-
da. Vistas italianas, Bellagio, regalos de Goethe. Ya no son
rizos humanos, amarillos y secos como cerdas. María Paw-
lowna, cuello delicado, rostro no más ancho, ojos grandes.
Los distintos bustos de Schiller. Buena situación para la casa
de un escritor. Sala de espera, sala de recibimiento, escritorio, alcobas. La señora Junot, su hija, muy parecida a él.
Arboricultura en grande según experiencias en pequeño, libro
de su padre.

➳ Por la tarde. Casa de Liszt. Virtuosismo. La anciana
Paulina. Liszt trabajaba desde las cinco hasta las ocho, luego
iglesia, luego segundo sueño, a partir de las once visitas.
Max en el baño, yo recojo las fotografías. Antes me encuentro con ella y llego con ella hasta la puerta. El padre me
muestra fotos, yo traigo soportes para las fotos, finalmente
me tengo que ir. Ella me sonríe sin sentido e inútilmente.

Triste. Ocurrencia: ampliar las fotografías. En la droguería. De nuevo a la casa de Goethe por causa del negativo. Me ve desde la ventana y me abre. Múltiple encuentro de Grete. Comiendo fresas ante el jardín «Werther», donde tiene lugar un concierto. La movilidad de su cuerpo en el vestido suelto. Los oficiales altos que vienen de la «corte rusa». Uniformes variados. Los fuertes y delgados en los trajes oscuros. La pelea en el callejón retirado (...)

Breve noticia biográfica
de Franz Kafka

1883 Kafka nace en Praga. Primer hijo del matrimonio formado por el comerciante Hermann Kafka y su mujer Juli, nacida Löwy.

1901-1906 Estudios de Derecho en la Universidad alemana de Praga.

1902 Conoce a Max Brod.

1906 Obtiene el título de doctor en Derecho.

1907 Comienza a escribir *Preparaciones para una boda en el campo.*

1907-1908 Obtiene un puesto en la sociedad de seguros Assicurazioni Generali.

1908 Primeras publicaciones en la revista *Hyperion*. Ingreso en la Compañía de Seguros de Accidentes laborales en Praga.

1909 Viaje con Max y Otto Brod al norte de Italia.

1910 Viaje con Max y Otto Brod a París.

1911 Viaje con Max Brod a Suiza, el norte de Italia y París.

1912 Viaje con Max Brod a Leipzig y Weimar. Primer encuentro con Felice Bauer. Escribe *La condena* y *La metamorfosis*. Comienzo de la novela que Max Brod publicará con el título *América*. Se publica el primer libro de Kafka en la editorial Rowohlt con el título *Consideración*.

1913 Se publica *El fogonero* en la editorial Kurt Wolff, es el primer capítulo de *América*. Viaje a Viena, Venecia y Riva.

1914 Promesa oficial de matrimonio con Felice Bauer. Comienza a escribir la novela *El proceso*. Relato *En la colonia penitenciaria*.

1916 Vacaciones con Felice Bauer en Marienbad. Comienza las anotaciones en los *Cuadernos en octavo*.

1917 Nueva promesa de matrimonio con Felice Bauer. Diagnóstico: tuberculosis. Se rompe de nuevo la promesa de matrimonio.

1917-1918 Alejamiento de Praga y estancia en Zürau con su hermana Ottla. Aforismos.

1919 Compromiso matrimonial con July Wohryzek. Escribe *Carta al padre*.

1920 Viaje por razones de salud a Meran. Rompe el compromiso con July Wohryzek.

1921 Cura en Matliary.

1922 Traslado a Spindelmühle, en la alta montaña. Escribe la novela *El castillo*.

1923 Conoce a Dora Diamant. Traslado a Berlín. Convive con Dora Diamant.

1924 Empeora su estado de salud. Regreso a Praga. Clínica en Viena. Franz Kafka fallece el 3 de junio y es enterrado en el cementerio judío de Praga.

Esta edición de
Aforismos, visiones y sueños
de Franz Kafka
se acabó de imprimir
en el mes de mayo
del año 2024